CORRESPONDÊNCIA COMERCIAL

ISABEL MOREIRA

GRUPO LIDEL

LISBOA Av Praia da Vitória 14
Tel 21 354 14 18-Fax 21 317 32 59
PORTO Rua Damião de Góis, 452
Tel 22 557 35 10-Fax 22 550 11 19

EDIÇÕES
TÉCNICAS E PROFISSIONAIS

DISTRIBUIÇÃO

Lidel – edições técnicas, lda

ESCRITÓRIO: Rua D. Estefânia, 183, r/c Dto. - 1049-057 Lisboa
Internet: 21 354 14 18 - livrarialx@lidel.pt
Revenda: 21 351 14 43 - revenda@lidel.pt
Formação/Marketing: 21 351 14 48 - formacao@lidel.pt/marketing@lidel.pt
Ens. Línguas/Exportação: 21 351 14 42 - depinternacional@lidel.pt
Linha de Autores: 21 351 14 49 - edicoesple@lidel.pt
Fax: 21 357 78 27 - 21 352 26 84
Periódicos: 21 351 14 41
Fax: 21 352 26 84

LIVRARIAS
LISBOA: Av. Praia da Vitória, 14 - 1000-247 Lisboa
Telef.: 21 354 14 18 - Fax: 21 357 78 27 - livrarialx@lidel.pt

PORTO: Rua Damião de Góis, 452 - 4050-224 Porto
Telef.: 22 557 35 10 - Fax: 22 550 11 19 - delporto@lidel.pt

EDIÇÕES
TÉCNICAS E PROFISSIONAIS

®Marca Registada de LIVRIMPOR - Livros Técnicos, Lda.
Rua D. Estefânia, 183, 1º esq. - 1000-154 Lisboa
Tele.: 21 317 32 53 - 21 317 32 59

Copyright © Julho 2007
ETEP - EDIÇÕES TÉCNICAS E PROFISSIONAIS - Marca Registada de LIVRIMPOR

Pré-Impressão: Rute Pires
Capa: Rute Pires
Fotografias:
©Marcin Balcerzak - Fotolia.com
©Bora Ucak - Fotolia.com
©Andres Rodriguez - Fotolia.com

Ilustrações:
©Dirk Püschel - Fotolia.com
©Zalak Dagli - Fotolia.com

Impressão e acabamento: ROLO & FILHOS II, S.A.

ISBN: 978-972-8480-16-5
Depósito Legal: 261 411/07

ÍNDICE

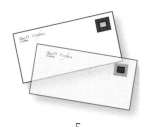

A ESCRITA NO MUNDO DOS NEGÓCIOS

A LÍNGUA E A LINGUAGEM

A língua é um complexo conjunto de regras da expressão da consciência de uma colectividade e ainda o meio através do qual essa colectividade interage com o mundo que a cerca, transmitindo a sua cultura e as suas ideias.

A linguagem é todo o sistema de sinais que permite comunicar, tornando possível o emprego concreto de uma determinada língua. Assim, a linguagem é a forma natural de comunicação humana efectuada, quer por meio oral, quer através da escrita. É, igualmente, através da linguagem que as Empresas fazem circular a sua cultura e divulgam os seus produtos e serviços.

Consequentemente, a linguagem escrita desempenha um papel preponderante no mundo dos negócios, acompanha a evolução comercial e tecnológica, estando sempre aliada a novos conceitos e formas de trabalho.

Actualmente, e resultante da tecnologia de que dispomos, o longe torna-se perto, facto que em vez de diminuir a nossa relação com a escrita, tem-na incrementado, mas de uma forma bem diferente.

Formalmente, um texto comercial pode ser narrativo (relato de um facto [relatório], de uma reunião [acta]), descritivo (especificação de um bem/produto ou serviço), argumentativo (apresentação ou defesa de determinados pontos de vista) e de procedimento (instruções, normas e directivas), sendo utilizado em contextos específicos no mundo empresarial.

Ora, todo este tipo de textos de natureza comercial, nomeadamente actas, anúncios, avisos, cartas, convites, circulares, contratos, e-mails (mensagens de correio electrónico), instruções, manuais, mensagens, informações para serem divulgadas (press-releases e newsletters), pareceres, programas (de conferências, seminários, congressos, etc.), relatórios, requerimentos, telegramas, entre muitos outros, têm a sua própria especificidade.

Na comunicação escrita empresarial, cada palavra e cada expressão, consoante o texto em que se inserem, têm de ser consistentes na sua forma, objectivas e constituídas de fundamento, pois as ideias devem ser expressas com clareza, existindo para tal técnicas que podem ser desenvolvidas por todos nós.

Um dos aspectos que pode provocar uma certa dificuldade aos redactores de documentos empresariais refere-se à necessidade de elaboração desses mesmos documentos, expondo o assunto numa linguagem escrita com modernidade e dentro das normas correntes.

Quando se elabora um documento, um dos pontos importantes é a determinação do objectivo que o texto deverá atingir, sendo este o ponto de partida da referida comunicação. Depois, ao longo do documento, a linha de pensamento deve desenvolver-se desde o ponto de partida até ao final da comunicação de uma forma estruturada, transmitindo coerência, clareza e concisão.

Se a ideia central da mensagem não é transmitida de uma forma clara, poderá não ser bem compreendida, induzindo em erro, e até trazer uma carga negativa para a empresa ou para o profissional que emitiu a mensagem.

Existe ainda outro aspecto importante que diz respeito à forma de escrita, que deve ser feita em linguagem ao tempo actual, pois, caso contrário, ela irá denotar que a empresa parou no tempo e que não houve preocupação com a actualização.

Por conseguinte, toda a comunicação escrita empresarial, para ser eficaz, deve obedecer a regras elementares, das quais se podem destacar as que se indicam a seguir.

Objectividade

Um texto empresarial deve ser simples e conter as informações relevantes expostas com capacidade de síntese, porque o excesso de palavras irá prejudicar a eficácia da mensagem.

Para se determinar a objectividade da mensagem, as perguntas que se seguem requerem uma resposta precisa.
    1 - Porque se está a redigir esta mensagem?
    2 - A quem se destina?
    3 - Qual é a ideia principal da mensagem?
Encontradas as respostas a estes três pontos, pode-se passar à seguinte pergunta:
    4 - Existem elementos adicionais e pertinentes ao assunto, que permitirão ao receptor da mensagem compreender correctamente o texto?
Se sim, coligir esses elementos.

Devem, então, ser identificadas outras informações que podem ajudar o receptor da mensagem a ter uma melhor compreensão do texto que lhe é remetido.

Caso se considere que esses elementos adicionais são desnecessários e não contribuem para uma maior clarificação do assunto, devem ser eliminados.

Concisão

A concisão na escrita, qualquer que seja a complexidade do assunto, é uma regra essencial no mundo empresarial. Documentos ou mensagens que podem ser escritos em poucas palavras, não se devem tornar documentos extensos com parágrafos infindáveis. A concisão exige uma redacção curta, com o objectivo de transmitir a mensagem de uma forma rápida.

Actualmente, o que se pretende é que o receptor capte a mensagem que lhe é transmitida, evitando perda de tempo e que se desinteresse quanto ao seu conteúdo.

Assim, dever-se-á atender aos seguintes princípios:

- Sintetizar a informação
  substituindo «Vimos por este meio informar V. Exas. de que esta Empresa irá proceder ...»
  por «Informamos que iremos proceder ...».

- Eliminar clichés e redundâncias. Considera-se como texto redundante todo o elemento da mensagem que não traz nenhuma informação nova ao texto e, por isso, é considerada excessiva, pelo que a informação deve ser correctamente exposta, sem ser exaustivamente repetida.

Substituir «Sem outro assunto de momento, subscrevemo-nos, …»
por «Atentamente» ou «Com os nossos melhores cumprimentos».

Como a concisão é a qualidade de se dizer o máximo possível com o mínimo de palavras, pode originar armadilhas e a redacção tornar-se num texto tão conciso que, no final, é desprovido de elegância ou cordialidade, ou ainda de elementos que contribuam para uma melhor compreensão da mensagem.

Clareza

Clareza, simplicidade e precisão são características elementares do estilo empresarial e também dependem muito de um correcto uso da língua portuguesa.

A clareza de uma mensagem passa primeiro por uma organização das ideias, focalizando-se no assunto sobre o qual se está a escrever, conduzindo a uma completa compreensão daquela por parte do leitor. Uma ideia que pode ser óbvia para o emissor da mensagem, pode vir a ser interpretada de forma diferente pelo receptor da mesma, quando não é bem transmitida.

Deve-se ainda obedecer a regras de lógica de exposição, evitando transições de texto abruptas. O texto deve estar encadeado e passar de assuntos mais gerais para assuntos mais específicos.

Outro aspecto que se tem de ter em consideração será o vocabulário a utilizar, que deve ser simples, mas formal e ao tempo actual, evitando palavras sofisticadas, bem como gíria profissional, que poderá ser só do conhecimento de um grupo restrito de pessoas.

Quando se tem de utilizar uma terminologia mais especializada, esta deve ser descodificada e, como tal, ao pretender escrever «os projectos de I&D em curso» ou «Gestão de RH», antes de se utilizar a sua forma abreviada, no momento em que surgem pela primeira vez no texto, deve ser indicado o seu significado, ficando: «os projectos de Investigação e Desenvolvimento (I&D) em curso» ou «Gestão de Recursos Humanos (RH)». A partir daqui, já se poderão utilizar as formas abreviadas ao longo do documento.

A utilização de frases curtas torna o texto mais perceptível em termos de mensagem comercial e permite compreender melhor as ideias expostas.

Deve-se, ainda, escrever utilizando verbos com sujeito indeterminado, na 3ª pessoa do singular e não na 1ª pessoa do singular ou do plural.

EXEMPLO

Escreva «Recomendou-se a utilização de um novo programa informático …»
em vez de «Eu recomendei a utilização de um novo programa informático …»

Frases na voz passiva e na negativa devem, igualmente, ser evitadas de modo a tornar o texto de mais fácil compreensão.

Coerência

A linguagem escrita, contrariamente à linguagem falada, é planeada, exigindo maior rigor e precisão, obrigando o emissor da mensagem a expor as suas ideias de uma forma lógica, dando uma sequência correcta ao que pretende transmitir. Um texto desarticulado pode comprometer, não apenas a eficiência da comunicação, mas também danificar a imagem da empresa e do profissional, por mais competente que este seja na sua área.

Assim, antes de começar a escrever, deve-se fazer um breve resumo, listando as principais ideias e tópicos e definir uma ordem lógica, procurando que não haja desvios relativamente ao assunto central.

Conclusão

Em suma, a escrita empresarial é, hoje em dia, não só um processo comunicacional, mas também um instrumento de marketing, uma ferramenta estratégica, pelo que se aconselha o seguinte:

- Desenvolver sempre o texto em três partes coerentes: início, meio e fim. Ou seja, apresentar o tema, desenvolvê-lo e fazer uma conclusão sobre o que foi tratado.

- Quando possível, optar sempre por escrever uma palavra portuguesa em vez de um termo estrangeiro. Evita mal-entendidos e pode salvar o redactor de cair num pedantismo desnecessário.

- Também em nome da clareza, quando se utilizam abreviaturas ou siglas, estas devem inicialmente ser escritas por extenso, principalmente se a abreviatura ou sigla não for muito conhecida. Contudo, existem siglas que são do conhecimento geral e dispensam uma clarificação prévia, nomeadamente: UE (União Europeia), ONG (Organização Não Governamental), etc.

- Procurar utilizar informações precisas, sendo objectivo e passando a mensagem com mais eficiência.

EXEMPLO

Comparar as frases: «As informações devem ser enviadas rapidamente.»
e «As informações devem ser enviadas até ao próximo dia 23 de Janeiro.»

Na primeira frase, quem tiver que prestar a informação poderá efectuá-la quando lhe aprouver, pois «rapidamente» é vago, enquanto que na segunda é bem definida a data limite para a apresentação das informações.

- Utilizar apenas as palavras cujo significado se conhece. Palavras mal empregues irão induzir em erro.

- Escrever parágrafos curtos. Utilizar expressões para encadear os parágrafos.

- Não repetir a mesma palavra muitas vezes ao longo do texto. Recorrer a sinónimos adequados ao contexto.

- Utilizar sempre a ferramenta do processador de texto para corrigir os erros. Mesmo assim, fazer sempre uma revisão cuidadosa ao terminar o texto. Em caso de dúvida, consultar sempre o dicionário.

- Não utilizar pontos de interrogação ou exclamação. Estes aplicam-se mais a uma linguagem coloquial.

- Escrever de uma forma simples.

- Não se contentar com o primeiro rascunho.

- Não dar por concluído um documento redigido sob o efeito emocional de uma determinada situação. Fazer uma pausa e voltar ao trabalho um pouco mais tarde, com um olhar crítico e imparcial. Costuma-se dizer que o vento leva as palavras, mas quando estas estão escritas perpetuam e podem tornar-se adversas para o redactor.

Pequena síntese para a linguagem comercial

Precisa – adequada, específica e objectiva.

Impessoal – com o máximo de objectividade, pois a carta comercial não se adequa a manifestações subjectivas e sentimentais.

Correcta – com exacta observância das normas gramaticais.

Concisa – informando, com economia de palavras.

Actual – isto é, inteligível à época presente.

Simples – evitando a preocupação com adornos literários.

ALGUMAS REGRAS QUE SE APLICAM À REDACÇÃO EMPRESARIAL

EMPREGO DOS PRONOMES DE TRATAMENTO E A SUA CONCORDÂNCIA

Na correspondência comercial, e como tratamento formal, utiliza-se «V. Exa.» ou «V. Exas.», sempre na forma abreviada, pois, por extenso – Vossa Excelência – é protocolar e apenas se aplica em correspondência dirigida a altos dignitários.

Assim, em redacção comercial os pronomes de tratamento («V. Exa.» e «V. Exas.») apresentam-se na segunda pessoa, mas observam certas características quanto à concordância verbal, nominal e pronominal que deve ser feita na terceira pessoa.

Embora as expressões «V. Exa.» e «V. Exas.» contenham de forma abreviada a palavra «Vossa» ou «Vossas», a concordância verbal é feita com «Excelência» ou «Excelências» e não com o pronome possessivo (Vossa ou Vossas), exigindo que o verbo fique na terceira pessoa, pelo que teremos «Solicitamos que V. Exa. nos envie o material» ou «Solicitamos que V. Exas. nos enviem o material».

Da mesma forma, os pronomes possessivos que se referem aos pronomes de tratamento são sempre os da terceira pessoa: «V. Exa. nomeará o seu representante».

No entanto, se nos dirigimos a uma pessoa (V. Exa.), o pronome possessivo a utilizar na frase vem na terceira pessoa do singular, mas se nos dirigirmos a uma empresa (um órgão colectivo), o pronome de tratamento será no plural (V. Exas.) e o pronome possessivo será na segunda pessoa do plural.

EXEMPLO

«V. Exa. apresentará a sua proposta» - «sua proposta» significará «uma proposta pessoal»; mas se escrevermos «V. Exas. apresentarão a vossa proposta» - «vossa proposta» será a proposta da empresa.

Quanto aos adjectivos referidos a estes pronomes de tratamento, o género gramatical deve coincidir com o sexo da pessoa a que se refere e não com o substantivo que compõe a locução. Se o interlocutor for do sexo masculino é correcto escrever «V. Exa. está convidado», mas se for do feminino ficará «V. Exa. está convidada».

PLURAL MAJESTÁTICO OU PLURAL DE MODÉSTIA

Os antigos reis de Portugal adoptaram a fórmula «Nós, el-rei, fazemos saber...» procurando num estilo de modéstia diminuir a distância que os separava dos seus súbditos. Este plural, dando uma impressão não de modéstia, mas sim de grandeza e majestade passou a ser designado por «plural majestático».

A evolução que o plural majestático teve na nossa língua, deu origem ao que actualmente se designa como «plural de modéstia».

Similarmente, nos nossos dias, em termos empresarias, e para evitar um tom impositivo e pessoal, quando se escreve em nome de uma organização, emprega-se o plural de modéstia que não é mais do que utilizar a 1ª pessoa do plural (nós) no lugar da 1ª pessoa do singular (eu).

Escreva «Queremos manifestar os nossos agradecimentos ...»
em vez de «Quero manifestar os meus agradecimentos ...»

Desta forma, procura-se dar a impressão de que os assuntos expostos são compartilhados por outros, e quem transmite a mensagem coloca-se como um elemento que integra um pensamento colectivo, afastando qualquer noção de importância pessoal.

Portanto, em linguagem comercial e na correspondência comercial é comum as empresas expressarem as suas opiniões ou efectuarem as suas solicitações, sempre neste plural de modéstia.

No entanto, em correspondência comercial, também se pode redigir na 1ª pessoa do singular. Este facto ocorre quando alguém dentro de uma organização escreve a título pessoal, mas como membro dessa mesma organização.

«É minha intenção prestar plena colaboração a toda a equipa técnica.»

Feita a opção pelo tratamento no singular ou pela utilização do plural de modéstia, deve-se observar a uniformidade, isto é, ou se usa apenas a 1ª pessoa do singular ou apenas a 1ª pessoa do plural, conservando a mesma forma em todo o texto.

Deve-se, ainda, ter em atenção a concordância verbal relativa às formas de tratamento utilizadas (V. Exa. ou V. Exas.).

FÓRMULA DE CORTESIA (3ª PESSOA PELA 1ª)

Igualmente, um requerimento (documento através do qual se faz uma solicitação a organismos públicos) se bem que não seja um documento específico da correspondência comercial, é bastante utilizado no comércio e na indústria, tanto pelas pessoas físicas, como pelas jurídicas. Este documento deve sempre ser redigido na terceira pessoa e não na primeira, por uma questão de cortesia.

EXEMPLO

«António Silva, residente na Rua Autem Vel Eum, nº 20, Estoril, requer a V. Exa. que se digne mandar passar um atestado de residência para efeitos de ...»
«António Silva e Maria Silva requerem a V. Exa. ...»

Se escrevêssemos na primeira pessoa seria «Eu, António Silva, ... requeiro a V. Exa. que se digne ...» ou, no plural, «Nós, António Silva e Maria Silva, requeremos ...», tornando-se uma descortesia por parte do redactor para com a entidade a quem se dirige, dando a sensação de que se está a fazer uma exigência em vez de se solicitar algo.

Uma empresa redigiria um requerimento nos seguintes termos:
«Laoreet Wisi, S.A., pessoa colectiva nº 000 000 000, com sede em ..., matriculada na Conservatória do Registo Comercial de Lisboa sob o nº 000, com o capital social de Euros ..., vem nos termos e para os fins previstos no nº ... do artigo ... do Código do IRC, requerer ...»

USO DA LETRA INICIAL MAIÚSCULA

Indicam-se, a seguir, os casos em que em linguagem comercial e administrativa as palavras se iniciam com maiúsculas, sendo apresentados alguns exemplos sob cada rubrica.

- **Épocas, meses do ano e datas festivas**
  Renascimento, 28 de Janeiro de 2007, Carnaval, Sexta-Feira Santa

- **Factos históricos**
  Os Descobrimentos, a Restauração, a Segunda Guerra Mundial

- **Nomes próprios de pessoas e respectivos apelidos**
  António, João, Maria, Andrade, Silva

NOTA

No mundo empresarial as pessoas são conhecidas pelo seu nome próprio sempre associado a um apelido. Não há lugar a: Senhor João ou Senhora D. Ana Maria, mas sim Senhor João Silva ou Senhora D. Ana Maria Costa.

- **Nomes geográficos (países, regiões, localidades, continentes, montanhas, vulcões, rios, lagos, mares e grupos de ilhas)**
  Portugal, França, Inglaterra
  Beira Baixa, Alsácia, País de Gales
  Lisboa, Setúbal, Vila Real de Santo António
  Europa, África, América do Norte
  Serra da Gardunha, Serra da Estrela
  Rio Tejo, Rio Douro, Lago de Como, Mar Negro, Açores

- **Pontos cardeais e colaterais quando designam regiões**
  O Norte tem uma concentração maior de empresas industriais

- **Nomes da astronomia**
  Estrela Polar, Ursa Maior, Terra[1], Saturno, Sol, etc.

---

[1] A Terra (planeta) e terra (solo).

- **Organismos governamentais, administração pública, serviços públicos e cargos inerentes**
  Ministério da Cultura, Ministro da Cultura
  Câmara Municipal de Lisboa, Presidente da Câmara Municipal de Lisboa
  Centro de Arbitragem Comercial

- **Palavras que se referem a leis, diplomas ou documentos oficiais**
  Decreto-Lei nº ..., Portaria nº ..., Resolução nº ... do Conselho de Ministros
  Código das Sociedades Comerciais, Código do Registo Comercial

- **Associações, Comissões, Federações, Institutos, Universidades e Organismos diversos**
  Associação Nacional das Farmácias, Comissão do Mercado de Valores Mobiliários,
  Federação das Indústrias Portuguesas Agro-Alimentares, Instituto Superior Técnico, etc.

- **Empresas e seus órgãos funcionais e respectivos cargos**
  PT Comunicações, S. A. , CP – Caminhos de Ferro Portugueses, E.P.
  Conselho de Administração, Director-Geral, Director Financeiro, Contabilidade (quando se
  refere ao órgão funcional), etc.

- **Nomes das ciências, ramos científicos e artes, quando designam disciplinas escolares ou
  quadros de estudos pedagogicamente organizados.**
  - Frequentou aulas de Medicina Dentária
  - Terminou o curso de Belas Artes

- **Obras artísticas, literárias, científicas e técnicas e respectivos autores**
  Os Galgos de Amadeo de Souza Cardoso (pintura), *As Quatro Estações* de Vivaldi (música),
  O Erro de Descartes de António R. Damásio (científica), *Os Horizontes do Marketing* de
  Carlos Melo Brito e Paulo Lencastre (técnica)

- **Publicações periódicas (jornais, revistas, peças de teatro, filmes, etc.)**
  Diário de Notícias, Visão, Auto da Barca do Inferno, África Minha, etc.

- **Designação de construções arquitectónicas, edifícios, vias, bairros e zonas das cidades**
  Basílica da Estrela, Rua do Ouro, Estrada Nacional nº 10, Bairro Azul, Rossio, Rotunda,
  Baixa.

USO DA LETRA INICIAL MINÚSCULA

Casos em que se aplicam as palavras iniciadas com letra minúscula:

- **Dias da semana** (segunda-feira, domingo, etc.) a não ser que se refiram a datas festivas,
  conforme indicado acima.

- Os **pontos cardeais ou colaterais** quando escritos por extenso (exemplo: a sede da empresa
  fica a norte de Lisboa).

- **Nomes de artes e ciências** quando empregues em sentido geral (engenharia, matemática,
  informática, etc.).

- Os substantivos que designam **organização administrativa ou político-administrativa de um
  território** seguidos dos nomes toponímicos (exemplo: a cidade de Lisboa, o concelho de
  Faro, etc.).

PALAVRAS EM ITÁLICO

Escrevem-se em itálico as seguintes palavras:

- Os títulos de livros, revistas, jornais e outras publicações;

- Palavras estrangeiras, desde que não pertençam à gíria comercial e utilizadas em contexto especial.

Indicam-se a seguir algumas palavras estrangeiras utilizadas na gíria comercial e que já são correntemente utilizadas sem serem escritas em itálico: dumping, e-mail, input, item, joint-venture, know-how, leasing, mailing, mailing-list, output, scanner, shopping center, site, stakeholders, standard, stock, timing, etc.

ESTRANGEIRISMOS

Os estrangeirismos invadem as línguas em determinadas áreas, sobretudo com uma certa predominância na área tecnológica e comercial devido à globalização e entram no vocabulário empresarial com toda a naturalidade, como tal, ninguém diz: «estive a varrer um documento», mas sim «estive a fazer o scan de um documento».

Convém ainda salientar que existe uma linguagem técnica geralmente utilizada, cuja tradução não é, por vezes, precisa, utilizando-se, consequentemente, a palavra de origem: know-how, design, stakeholders[2] , roaming, etc. No entanto, não se deve permitir que os estrangeirismos da linguagem técnica ultrapassem certos limites.

> - O projecto tem de ser desenvolvido no *timing* certo. (O projecto tem de ser desenvolvido na **altura** certa.)
>
> - Quando terminar a operação deverá efectuar o *logout* do programa. (Quando terminar a operação deverá **sair** do programa.)

---

[2] O termo «stakeholders» foi criado para designar todas as pessoas ou empresas que, de alguma forma, são influenciadas pelas acções de uma organização. Os «stakeholders» serão, portanto, as partes interessadas.

OS NUMERAIS

Na redacção comercial existem determinadas regras para tratar os numerais, que são palavras que designam quantidades exactas ou o lugar que determinadas pessoas ou coisas ocupam numa certa escala ou sucessão.

NUMERAÇÃO ÁRABE

O sistema de numeração árabe ou decimal é o utilizado para escrever números constantes de tabelas (listas de preços, etc.), relatórios financeiros, estatísticas, numeração de páginas, endereços, horas e datas, etc., quer seja através dos:

- Cardinais – que designam a quantidade em si mesma («cinco oradores participaram no congresso»);

- Ordinais – que expressam uma determina ordem de sucessão («o primeiro contrato assinado este ano»);

- Multiplicativos – que indicam a multiplicação da quantidade numérica («a reunião demorou o dobro do tempo previsto para a mesma»);

- Fraccionários – que exprimem a ideia de divisão, indicando em quantas partes a quantidade foi dividida («metade da dívida foi liquidada em devido tempo» ou «ele só recebeu dois terços do ordenado»);

- Colectivos – que indicam um conjunto da mesma espécie e se apresentam, sempre, antecedidos por um número («três décadas; duas dúzias, etc.»).

No entanto, existem algumas excepções em que os cardinais e os ordinais são escritos em numeração romana, como veremos mais adiante.

Seguem-se algumas regras:

Como escrever os números

- De uma forma geral, num texto os números até dez escrevem-se por extenso e só a partir de 11 é que passarão a ser escritos por algarismos, a não ser que a frase se inicie por um número: «Doze anos após o início de actividade, esta Empresa encontra-se em franco progresso».

- Em números com mais de quatro dígitos, actualmente não se utiliza o ponto separador dos milhares (Exemplo: 15 400). Mas em redacção comercial este ponto separador dos milhares é bem aceite, porque para o processamento de texto fará com que o número «15.400» forme um todo. Se escrevermos – 15 400 – o processamento de texto poderá fraccionar o número, ficando 15 numa linha e 400 na outra (sendo considerado um erro), ou, quando se justificam as margens à esquerda e à direita, distanciar os milhares das centenas de tal forma, o que torna o número pouco inteligível. Se se optar escrever o número sem os pontos separadores, terá de haver o cuidado de o proteger para não se fragmentar ou distanciar.

Num texto corrido, se o número for algo extenso, e para uma melhor compreensão, este poderá ser escrito parte em algarismos e outra por extenso.

EXEMPLO

425 milhões de Euros

NOTA

Nos quadros e enumerações, ou quando se comparam resultados estatísticos, os números escrevem-se só com algarismos.

- Os nomes numerais que são considerados como palavras e que indicam um certo número de pessoas, coisas, acções, qualidades e estados escrevem-se por extenso («uma semana tem cinco dias úteis de trabalho»).

- Em redacção comercial existe, também, a necessidade de se apresentarem os números sob a forma de algarismos, seguidos da sua transcrição por extenso, principalmente quando estes se referem a preços cotados ou contratuais em que não podem subsistir dúvidas, sendo válido o número escrito por extenso – 293 572,50 €[3] (duzentos e noventa e três mil, quinhentos e setenta e dois Euros e cinquenta cêntimos).

- A conjunção «e» é sempre intercalada entre as centenas, as dezenas e as unidades (trinta e cinco; trezentos e quarenta e nove).

Em números extensos, a conjugação «e» emprega-se entre os membros da mesma ordem de unidades, e omite-se quando se passa de uma para a outra. Para se escrever o número 415 741 211 por extenso ficaria: quatrocentos e quinze milhões, setecentos e quarenta e um mil, duzentos e onze.

BILIÃO

A palavra «bilião» no mundo dos negócios, sobretudo em correspondência internacional, não é utilizada e é substituída por «mil milhões», porque segundo os diversos países a sua interpretação pode corresponder a um valor diferente.

---

[3] Para valores monetários, os números colocam-se antes da representação gráfica da moeda. Quando é utilizada a sigla esta também é colocada após o número – 293 572,50 EUR.

> Em Portugal, Espanha, Alemanha, Inglaterra e França um bilião corresponde a: um milhão de milhões (1.000.000.000.000 ou 10 elevado a 12). (Norma Portuguesa NP-18).
>
> Nos Estados Unidos da América e Brasil, um bilião corresponde a mil milhões (1.000.000.000 ou 10 elevado a 9).

EMPREGO DOS MULTIPLICATIVOS

Apenas dobro, duplo, triplo e quádruplo são de uso corrente e a partir daí emprega-se o numeral cardinal seguido da palavra vezes (seis vezes, oito vezes, doze vezes maior, etc.).

EMPREGO DOS FRACCIONÁRIOS

Os numerais fraccionários escrevem-se geralmente por extenso e apresentam formas próprias: meio, ou metade e terço. Todas as outras representações correspondem ao:

- Ordinal correspondente, quando este se compõe de uma só palavra: quarto, décimo, vigésimo, milésimo, etc.

- Cardinal correspondente, seguido da palavra «avos», quando o ordinal é uma forma composta: três quinze avos, etc.

PERCENTAGENS, PESOS E MEDIDAS

As percentagens, pesos e medidas escrevem-se sob a forma numérica.

> O artigo é vendido com um desconto de 10%.
> Hoje venderam-se 200 m de cabo eléctrico.
> As instalações têm uma área superior a 2 000 m2.

DATAS E ANOS

As datas escritas com o mês por extenso seguem o seguinte princípio: em primeiro lugar o dia, depois o mês e, finalmente, o ano. Entre o dia e o mês e entre este e o ano escreve-se sempre a preposição «de»:

- 21 de Janeiro de 2007;

- 3 de Abril de 2007.

Nas datas escritas desta forma, para os dias do mês com um só dígito, nunca se coloca o zero antes do número.

Nas datas, os dias e anos nunca se escrevem por extenso, excepto na transcrição de actas de assembleias gerais das empresas ou de outras organizações.

Quando as datas são escritas apenas com dígitos segundo o formato internacional (preconizado pela norma ISO 8601) e ainda segundo a norma portuguesa NP EN 28601, de 1996, as mesmas devem ser escritas como se indica:

- ano – mês – dia (2007-01-21, 2007-03-03 [neste caso os dias do mês com apenas um dígito são sempre antecedidos de zero]).

É, no entanto, corrente em Portugal escrever-se, também, sob a seguinte forma:

- dia – mês – ano (21-01-2007, 03-03-2007).

 Nos Estados Unidos da América, as datas sob forma abreviada indicam primeiro o mês, depois o dia e por fim o ano, portanto, ao indicar-se a data 05-06-2007, esta significa: 6 de Maio de 2007.

As formas abreviadas para escrever datas utilizam-se, principalmente, para datar cartas ou outros documentos. Quando em determinado contexto nos referimos a uma carta, a um relatório ou a outro tipo de documento, especificamos a data, escrevendo: «Referimos a vossa carta de 21 de Janeiro[4]...».

Os anos escrevem-se sempre com os quatro algarismos (21 de Janeiro de 2007 e não 21 de Janeiro de 07).

Se nos referimos a um período compreendido entre anos consecutivos indicamos: 2005-2007 «O Plano Estratégico 2005-2007», mas se queremos designar um determinado período que se inicia num ano civil e termina no ano civil seguinte, indicamos: 2006/07 «Ano lectivo 2006/2007».

Convém ainda salientar que, em redacção comercial, a informação é prestada indicando os dias e a data (Exemplo: ... na próxima segunda-feira, dia 18 de Setembro ...) e nunca sob uma forma vaga, referindo apenas o dia da semana ou utilizando expressões como: amanhã, hoje, ontem.

Quando a informação se referir a acontecimentos passados ou futuros, escrever o dia da semana e a data. Não utilizar «ontem» ou «amanhã».

HORAS

O símbolo das horas é o «h» e escreve-se sempre sem ponto e sem espaços «A reunião tem lugar às 15h30».

Geralmente, quando nos referimos a uma hora certa escrevemos: 18 horas. Contudo, na apresentação de programas que incluem dias e horas, é corrente apresentar o documento como se segue:

---

[4] Não será necessário mencionar o ano, caso esteja a decorrer esse mesmo ano.

QUAT VEL, S.A.

HIGIENE E SEGURANÇA NO TRABALHO
LOCAL: AUDITÓRIO
DIAS 23 E 24 DE AGOSTO DE 2007

DATA/HORA	ACTIVIDADE
2007-08-23	
09h00 - 09h30	Recepção e entrega do documento.
09h30 - 11h00	Abertura. A Empresa e a sua actividade e os riscos laborais.

NOTA

Meio-dia significa 12 horas. Quando se diz «O almoço será servido ao meio-dia.» é bem diferente de «meio dia de trabalho».

NUMERAÇÃO ROMANA

A numeração romana é utilizada para identificação dos séculos, de reis e rainhas, papas, dinastias, actos e cenas de peças teatrais, na ordenação de vários documentos que se subdividem em partes e capítulos, etc.

EXEMPLO

Século XXI
O Papa João Paulo II
O Rei D. João V
Parte IV – Capítulo 3

Ainda, ao transcreverem-se os títulos de conferências, colóquios, congressos, seminários, simpósios e outras reuniões, deve-se respeitar os títulos atribuídos pelos promotores das iniciativas.

EXEMPLO

XXII Congresso Português de Cardiologia
9ª Conferência da SPiE

SÍMBOLOS DAS UNIDADES DE MEDIDA

A norma oficial estabelece que a forma abreviada dos símbolos científicos e unidades padronizadas seja escrita sem ponto. Algumas foram registadas com maiúscula – como K (potássio) – outras em minúsculas, como o g (grama).

A grafia para o singular e o plural destes símbolos é a mesma, sem o acréscimo de «s» ou de qualquer outra letra: nada de «mts» para metros, «kms» para quilómetros, «hrs» para horas.

Eis uma pequena relação das abreviaturas mais utilizadas, sendo sempre os números acompanhados dos respectivos símbolos:

- 1 **km**, 3 **m**, 4 **cm**, 5 **mm**; 6 **kg**, 7 **g**, 8 **mg**;

- A pressão de 1 **kg/cm2** (1 quilograma por centímetro quadrado);

- 9 **kl**, 10 **dl**, 11 **l** (como o **l** minúsculo pode ser confundido com 1 [um], é possível usá-lo em itálico num caso em que ele esteja isolado: 1 *l* ou 20 *l*), 12 **ml**;

- A sede da empresa fica a **6 km** do Estoril;

- Recomenda-se a ingestão diária de **0,5 g** de ácido ascórbico;

- Havia **6 ha** de terras ainda devolutas;

- Motor com uma potência de **45 hp**;

- A reunião realizar-se-á às **18h30m**.

Dar sempre um espaço entre o número e a abreviatura, excepto para as horas.

A abreviatura da palavra «quilómetro» pode receber a inicial maiúscula quando assume o carácter de nome próprio, ou seja, ao se referir a uma determinada localidade na estrada «O acidente ocorreu ao **Km 380** da A1.».

No entanto, quando se escrevem por extenso as unidades padronizadas, a forma plural obtém-se acrescentando um «s» sem interposição de qualquer vogal: metro, metros; quilograma, quilogramas; volt, volts; watt, watts.

GRAUS CELSIUS OU FARENHEIT

Os valores relativos a temperaturas, quer sejam em graus Celsius «°C» ou Farenheit «°F» levam sempre o respectivo símbolo. O símbolo vem sempre junto ao número (sem espaço): 14°C, 57°F.

FÓRMULAS

Num texto comercial, as fórmulas devem ser escritas com um espaço entre um número ou um símbolo e os sinais (a + b + c = z).

Caso sejam fórmulas complexas, o Word tem uma aplicação «Microsoft Equação» que dispõe de uma biblioteca de símbolos, que permite escrever as mais variadas fórmulas matemáticas.

USO DE SIGLAS E ABREVIATURAS

AS SIGLAS

As siglas são reduções de locuções compostas por substantivos próprios e são consideradas um tipo especial de abreviatura. As siglas não se escrevem com pontos e devem ser explicadas na primeira vez que aparecem no texto, excepto as que são do conhecimento geral, tais como: IVA (Imposto sobre o Valor Acrescentado), UE (União Europeia), etc.

Em português não se utilizam as siglas para abreviar cargos, pelo que um Director-geral não é um «DG», enquanto que em inglês no mundo dos negócios surgem os CEO *(Chief Executive Officer)*, CFO *(Chief Financial Officer)*, CHRO *(Chief Human Resources Officer)*, etc. Actualmente, devido à globalização, os cargos profissionais de topo nas organizações são designados por este tipo de siglas, que já são correntemente utilizadas em contexto empresarial sem ter que se recorrer ao que significam.

As siglas podem ser formadas:

- pelas letras iniciais maiúsculas das palavras que formam o nome, como:

    FMI = Fundo Monetário Internacional
    ONG = Organização Não Governamental
    ONU = Organização das Nações Unidas

- pelas sílabas iniciais de cada uma das palavras que formam o nome, como:

    SOMINCOR = **SO**ciedade **MI**neira de **N**eves **COR**vo

Existem, no entanto, bastantes excepções que se referem a siglas que são escritas utilizando a letra inicial maiúscula e as seguintes em letras minúsculas e ainda aquelas em que não se utiliza a tradução resultante para o português, tais como:

- Unesco - United Nations Educational, Scientific and Cultural Organization.

- Euratom - European Atomic Energy Community (Comunidade Europeia da Energia Atómica).

- NATO - North Atlantic Treaty Organisation e não sob a forma portuguesa OTAN que corresponde a «Organização do Tratado do Atlântico Norte».

- EFTA – European Free Trade Association, a que corresponde a tradução «Associação Europeia de Comércio Livre».

AS ABREVIATURAS

As abreviaturas são palavras escritas de uma forma abreviada que podem terminar com uma consoante («Av.» abreviatura de «Avenida») e ainda por uma vogal final colocada superior à linha («nº» abreviatura de «número») e devem ser seguidas de ponto.

Indicam-se a seguir alguns exemplos de abreviaturas de palavras que, em uso comercial, se convencionou colocar a vogal na mesma linha, ou eliminá-la, tendo em vista a simplificação da escrita, evitando assim a perda de tempo com a formatação do tipo de letra para ser escrito «em superior» à linha.

Formas antiquadas	Actualmente
V. Ex.ª	V. Exa.
V. Ex.ªs	V. Exas.
Ex.mº Senhor	Exmo. Senhor
Ex.mª Senhora	Exma. Senhora
Dig.mo (abreviatura de Digníssimo)	Digmo.
Dr./Dr.a (Doutor/Doutora)	Dr./Dra.
Eng.o/Eng.a (Engenheiro/Engenheira)	Eng.
Arqt.º/Arqt.ª (Arquitecto/Arquitecta)	Arqt.
Ld.a (Limitada)	Lda.

Outras abreviaturas geralmente utilizadas em escrita comercial:

Fig.	Figura
Pág.	Página
Ref.	Referência - quando esta antecede um número ou designação da referência de um artigo. Exemplo: Ref. 234AZ. Já quando escrevemos «Em referência à vossa carta ...» esta palavra deverá constar por extenso.

Relativamente às unidades de medida («km», «hp», etc.), aos elementos químicos («K» [potássio], etc.) e aos pontos cardeais e colaterais («N» [Norte], «NE» [Nordeste], etc.), quando escritos sob a forma abreviada, dispensam o uso do ponto.

Convém, ainda, salientar que, actualmente, em correspondência comercial e dada a evolução tecnológica alcançada com o processamento de texto, considera-se incorrecto utilizar palavras abreviadas, o que outrora era comum quando se recorria às máquinas de escrever, a fim de se obter uma maior rentabilização de tempo.

Observemos uma frase de uma carta escrita dessa forma:

- «Acusamos a recepção da v/ carta de 23 p.p., que agradecemos, e temos o prazer de vos remeter o n/ cheque ...»

Actualmente escrevemos:

• «Acusamos a recepção da vossa carta de 23 do mês passado, e temos o prazer de vos remeter o nosso cheque ...»

Presentemente, textos repetitivos, para cartas padronizadas, podem ser memorizados no «texto automático» do Word e, através de um atalho, serem inseridos automaticamente.

Pequena explicação de como memorizar texto automático no Word:

1. Para memorizar o texto da frase de saudação final de uma carta, que irá ser escrito inúmeras vezes, este escreve-se uma vez:

Com os nossos melhores cumprimentos, subscrevemo-nos,

Atentamente,
Nobis Eleifend, Lda.

António Silva
Director de Marketing

2. Depois, marcar o texto com o cursor.

Com os nossos melhores cumprimentos, subscrevemo-nos,

Atentamente,
Nobis Eleifend, Lda.

António Silva
Director de Marketing

3. Na barra de menu do Word clicar em ⟹ **Inserir** ⟹ **Texto automático** ⟹ **Introduza aqui as entradas de texto automático** ⟹ (Escrever o nome sob o qual o texto vai ser memorizado – por exemplo: SF) ⟹ **Adicionar** ⟹ **OK**.

4. Para descarregar o texto:
Escrever o nome sob o qual o texto está memorizado + tecla de função «F3».

EXEMPLO

SF+F3 - e o texto é descarregado automaticamente.

Assim, se memorizam e se criam cartas de texto padronizado.

ABREVIATURAS E EXPRESSÕES EM LATIM

Indicam-se a seguir abreviaturas e expressões em latim, geralmente utilizadas em redacção comercial e contratual.

ABREVIATURAS

Abreviatura	Latim	Português
a. m.	ante meridiem	antes do meridiano; de manhã
c.v.	curriculum vitae	curriculum vitae
e.g.	exempli gratia	por exemplo
etc.	et cetera	e outros ou outras
i.e.	id est	quer dizer, isto é
N.B.	nota bene	favor tomar nota
p.m.	post meridiem	depois do meridiano; à tarde
P.S.	post scriptum	depois do que está escrito
vs.	versus	contra
v.v.	vice versa	reciprocamente

EXPRESSÕES

Latim	Português
A posteriori	Das consequências para os princípios, com fundamento nos factos.
A priori	Dos princípios para os factos, por hipótese e antes da experiência.
Ad hoc	Improvisado, para o caso.
Bona fide	De boa fé.
Circa	Cerca de, aproximadamente.
Curriculum vitae	Descrição de uma carreira, percurso (plural: *Curricula Vitae*).
Dix	Disse, tenho dito.
Dura lex, sed lex	A lei é dura, mas é a lei.
Ex aequo	Em igualdade de circunstâncias, com igual mérito.

Latim (cont.)	Português (cont.)
Habeas corpus	Nome de uma lei, que garante a liberdade individual aos cidadãos, dando aos acusados o direito de serem imediatamente julgados ou de aguardarem o julgamento em liberdade.
In extremis	No último momento, em situação limite.
Infra	Abaixo.
In situ	Em local próprio.
Inter alia	Entre outras coisas.
In vitro	No vidro.
Ipsis verbis	Pelas mesmas palavras, textualmente.
Magister dixit	O mestre disse - Hoje, emprega-se, ironicamente, em relação a qualquer afirmação proferida veementemente.
Mutatis mutandis	Mudando-se o que se deve mudar; com as devidas adaptações.
Motu proprio	Por sua própria iniciativa - Por exemplo, tomar uma decisão de *motu proprio*, isto é, espontaneamente, sem ter sido feita qualquer sugestão.
Per capita	Por pessoa.
Persona grata	Pessoa bem-vinda.
Persona non grata	Pessoa que não é bem-vinda.
Pro forma	Quando se diz que «É apenas um *pro forma*», quer dizer que é, apenas, uma formalidade.
Pro rata	Proporcionalmente.
Sic	Textualmente - Palavra que se escreve entre parênteses num texto ou no fim de uma citação, para indicar que o original se acha fielmente reproduzido.
Sine die	Sem data marcada.
Sine qua non	Sem a qual não. «A saúde é uma condição *sine qua non da felicidade*».
Status quo	O estado em que se acham as coisas presentemente.
Sui generis	Fora do comum - «Ele tem um comportamento *sui generis*».
Supra	Acima.
Vide	Ver.

 As expressões em latim devem ser escritas em itálico.

O USO DE SINAIS

USO DO HÍFEN OU TRAÇO DE UNIÃO

O hífen ou traço de união utiliza-se:

- Para ligar os elementos das palavras compostas (administrador-delegado, luso-brasileiro, etc.).

- Na composição de palavras em que os elementos constitutivos mantêm a sua acentuação própria, formando, porém, novo sentido: abaixo-assinado, decreto-lei, matéria-prima, mão--de-obra, etc.

- Nas formas verbais com pronomes enclíticos: amá-lo, deixar-te, etc.

- Nos vocábulos formados por prefixos (conforme quadro a seguir sob o título «Palavras compostas»).

- No final de uma linha, para separação das sílabas de uma palavra.

- Para escrever datas apenas com dígitos.

AS ASPAS

As aspas utilizam-se:

1. Numa transcrição ou numa citação textual.

2. Em palavras estrangeiras e expressões latinas inseridas no texto em português.

3. Nos títulos de publicações, obras de arte, filmes, exposições e peças musicais.

4. Quando se pretende definir uma determinada palavra ou frase, como indicado na frase que se segue: «Entende-se por "estudo multicêntrico" o estudo aberto, randomizado, comparando a eficácia e segurança do ...»

Nos casos previstos nos pontos 2 e 3 acima, escreve-se, actualmente, em itálico como forma de dispensar o uso de aspas.

OS PARÊNTESES CURVOS E RECTOS

Usam-se, geralmente, dois tipos de parênteses: os curvos e os rectos.

- Antes dos parênteses não se deve colocar qualquer sinal de pontuação, excepto o ponto, caso este anteceda uma nova frase que se inicie com abertura de parênteses. Quando qualquer sinal de pontuação coincidir com o parêntese de abertura, esse sinal de pontuação deve ser colocado depois do parêntese de fecho.

- Os parênteses são utilizados para intercalar texto, como informação adicional.

- Nas citações de textos legais, as alíneas devem ser seguidas de parênteses. «Na alínea a) do artigo 13º do Decreto-Lei nº...»

- Utilizam-se os parênteses quando uma determinada frase contém informação diversa, que é dividida em pontos, a fim de melhor destacar essa mesma informação, conforme se exemplifica a seguir:

> «O nosso produto é resultado de um conjunto de *hardware* e *software* em que (1) o *hardware* é fabricado por uma empresa alemã, com arquitectura aberta que atende às especificações requeridas pelo projecto, e (2) o *software* interliga os vários subsistemas componentes.»

- Utilizam-se os parênteses curvos de fecho com letras minúsculas ou algarismos árabes, quando representam uma subdivisão de um texto ou uma alínea. Essa subdivisão de texto ou alínea deverá terminar com ponto e vírgula (;).

> O sistema tem as seguintes características:
> 1) Fonte de alimentação: 56 W;
> 2) Tensão da bateria: 12 V;
> 3) Temperatura de operação: 0º a 35º.

- Os parênteses rectos utilizam-se para intercalar uma frase já dentro da informação adicional que vem dentro de parênteses curvos.

- Os parênteses rectos utilizam-se para circundar as reticências [...] quando estas substituem parte do texto que se omitiu, deixando um espaço entre os parênteses rectos e o texto.

- Os parênteses usam-se na seguinte sequência: dentro dos parênteses curvos, parênteses rectos, e dentro dos rectos, chaveta: (aaa [bbb {ccc} bbb] aaa).

O TRAVESSÃO

O travessão (traço horizontal maior do que o hífen) é utilizado nos seguintes casos:

• Como substituto de parênteses ou vírgulas.
(«O controlo das despesas – meta prioritária deste Plano Estratégico – será bastante rigoroso.»)

• Para indicar a introdução de enunciados após os dois pontos e iniciando uma listagem.

• Para separar vários assuntos que se escrevem seguidos. («Capítulo 4 – Secção 2 – Anexo IV»)

A BARRA (OBLÍQUA)

A barra oblíqua (/) utiliza-se:

• Para separar a enumeração de leis, directivas e regulamentos. («Decreto-Lei nº 374/89, de 25 de Outubro.»)

• Períodos que abrangem uma parte do primeiro ano e outra do segundo. («Os resultados referem-se ao ano económico da empresa 2005/2006.»)

• Separar números de telefone com terminações diferentes. («Tel.: 214 567 890/97»)

Quando se indica um determinado número de telefone, a palavra «telefone» deve vir sempre grafada só com as 3 primeiras letras da palavra, seguidas de ponto (ver como escrever as abreviaturas) e de dois pontos (:).
Empresas e organizações que se correspondam com outros países devem, nos seus documentos, incluir os números de telefone e fax de contacto, incluindo o indicativo correspondente ao seu país.
No caso de empresas e organizações com endereço em Portugal, estes números devem ser expressos da seguinte forma:
Tel.: (351) 214 567 000
Fax: (351) 214 567 090

AS PALAVRAS COMPOSTAS

Chamam-se palavras compostas as que se compõem de duas ou mais palavras.

Em redacção comercial utilizam-se bastantes palavras compostas, quer formadas por prefixos, quer por radicais, formando, assim, uma nova palavra.

As palavras de nomenclatura científica e técnica são, geralmente, formadas por palavras greco-latinas, associando dois termos, o primeiro dos quais serve de determinante ao segundo.

Prefixos e Radicais	Com traço de união	Exemplos
ante - anti -arqui sobre	Antes de **h - i - r e s**	ante-histórico, anti-higiénico, anti-inflamatório, arqui-inteligente, arqui-secular, sobre-humano

Excepções: sobressair, sobressalente, sobressaltar

Prefixos e Radicais	Com traço de união	Exemplos
auto - contra extra - infra intra neo - proto pseudo semi - supra - ultra	Antes de **h - r - s** e **vogal**	auto-regulador, auto-serviço, contra-regra, contra-senso, extra-estatutário, infra-escrito, infra-estrutura, intra-ocular, neo-humanismo, neo-impressionismo, proto-história, proto-romantismo, pseudo-autor, pseudo-sábio, semi-interno, semi-hebdomadário, supra-racional, ultra-infernal, ultra-sensível

Excepções: extraordinário

Prefixos e Radicais	Com traço de união	Exemplos
super - hiper - inter	Antes de **h e r**	super-homem, hiper-humano, hiper-reflexão, inter-regional
pan - mal	Antes de **h e vogal**	pan-americano, mal-agradecido, mal-humorado
circum	Antes de **m, n e vogal**	circum-ambiente, circum-murado, circum-navegar
além - aquém - bem co - ex - grã - grão - pré - pára - pós - pró recém - sem	sempre	além-mar, aquém-fronteiras, bem-vindo, co-autor, ex-director, grã-cruz, grão-ducado, pré-reforma, pára-brisas, pós-graduação, pró-memória, recém-chegado, sem-número

Excepções: predefinir, predeterminado, predispor, predizer, preexistir

Prefixos e Radicais	Com traço de união	Exemplos
ad - ab - ob - sob	Antes de **r**	ad-rogar, ab-rogar, ob-repticiamente, sob-escuta
sub O prefixo «sub-» só exige hífen quando a palavra seguinte, ou seja, o seu radical, começar com «b» ou «r».	Antes de **r e b**	sub-rogar, sub-base, sub-bibliotecário

Multi - Normalmente o prefixo «multi» é escrito junto, dobrando o «r» e o «s» quando a palavra-base começa por essas letras: «multirracial» e «multissecular».
Sugere-se o uso de hífen quando o segundo elemento se inicia por «h»: multi-hospitalar.

Ainda algumas regras para palavras compostas utilizadas em redacção comercial:

* abaixo-assinado, bem-vindo (Benvindo é nome próprio), boas-vindas, boa-fé, camião-cisterna, camiões-cisterna, camião-tanque, camiões-tanque, contra-senso, director-delegado, electro-química (mas, engenheiro electrotécnico), fim-de-semana, mais-valia, etc.

As palavras inerentes a cargos também aparecem como palavras compostas, em que o adjectivo é acoplado a um substantivo que indica a função, lugar de trabalho ou órgão:

* administração-geral, administrador-delegado, director-geral, ex-administrador-geral, secretário--geral, procuradoria-geral, procurador-geral.

Nos adjectivos que indicam nacionalidades, países, lugares ou regiões de procedência:

* luso-brasileiro, norte-americano, afro-asiático, etc.

Com advérbio de negação «não»:

* não-agressão, não-linear, não-metálico, não-participante.

A EMPRESA E A COMUNICAÇÃO

OS INTERLOCUTORES

A palavra comunicar deriva do latim «communicare» e significa tornar conhecido, fazer saber, partilhar, trocar opiniões, associar.

As empresas, como colectivos de pessoas que utilizam os recursos disponíveis na prossecução da sua actividade, projectam para o exterior a sua cultura organizacional, tecnologia, linguagem, imagem, qualidade, marketing social e institucional, através de uma comunicação correcta e eficaz. É esta comunicação empresarial, bastante diversificada e baseada na actividade da empresa, que tem como objectivo principal o relacionamento, quer com o seu público interno, quer com o externo.

As empresas, conhecendo os seus públicos externos e internos, as suas expectativas, ambições e interesses, adaptam o conteúdo da mensagem escrita às partes envolvidas, tendo, contudo, sempre presente que a comunicação escrita é, por excelência, um cartão de visita das empresas.

Os públicos internos e externos de uma empresa são os seguintes:

- Accionistas;

- Parceiros de negócios;

- Fornecedores;

- Banca e seguros;

- Clientes;

- Colaboradores;

- Comunidade, ou conjunto de entidades que interagem com a empresa (governo, organismos oficiais, organizações profissionais, etc.).

Assim, a comunicação escrita no âmbito empresarial divide-se em comunicação externa e interna.

A **comunicação externa** é a endereçada ao exterior e inclui:

- **Correspondência formal e não formal** (cartas, faxes, correio electrónico, mensagens agradecimento e de felicitações, pêsames, etc.);

- **Documentação legal** (contratos e convenções e respectivos anexos ou adendas).

TIPOS DE COMUNICAÇÃO ESCRITA EXTERNA

Comercial	Informações
	Ofertas de produtos ou serviços
	Consultas e propostas
	Encomendas e confirmação de encomendas
	Fornecimentos
	Contratos
	Reclamações
	Pagamentos

Paracomercial[5]	Banca
	Seguros
	Contactos com organismos públicos
	Contactos com a comunicação social
	Press-releases[6]

Sócio-profissional	Associações patronais
	Formação Profissional
	Organizações laborais
	Sindicatos

Publicitária	Catálogos, brochuras, etc.
	Direct mail
	Listas de preços
	Newsletters
	Press-releases

A **comunicação interna** pode dividir-se em:

Descendente - do topo para a base (da administração para os colaboradores), sendo constituída por: instruções, ordens de serviço, informações sobre a política da empresa, comunicações internas, avisos, circulares, etc.

Ascendente - da base para o topo (dos colaboradores para a administração).

---

[5] Designa-se por **correspondência paracomercial** toda a correspondência relacionada com a actividade empresarial, mas que não está directamente ligada à actividade comercial, sendo, por vezes, um complemento desta.

[6] **Press-release** – é uma comunicação escrita feita pelas empresas à comunicação social relativamente a um acontecimento, projecto, grande encomenda ou outro assunto que as empresas têm interesse em divulgar.

Dentro da comunicação ascendente podem-se destacar as seguintes comunicações:

- Informações sobre o mercado, aceitação do produto ou serviço, a sua qualidade (provenientes principalmente das áreas comerciais), a situação das condições de cobrança (provenientes da área financeira).

- Informações sobre o modo como se desenrola a produção, transmitidas pelos colaboradores de base, ou de nível médio, à administração ou direcção, relativamente ao seu desenvolvimento.

Lateral - entre escalões hierárquicos semelhantes.

A troca de informação entre directores de uma empresa ou entre técnicos de diferentes departamentos/ sectores são exemplos deste tipo de comunicação.

A comunicação lateral pode estabelecer-se para divulgar informações ou para a resolução de problemas concretos da empresa, que necessitem da colaboração de diferentes áreas de competência técnica. Este tipo de comunicação é muito importante tanto na gestão corrente, como na preparação de decisões estratégicas (comunicações internas, memorandos, e-mails, relatórios, etc.).

CONTEÚDO DA COMUNICAÇÃO INTERNA

Os conteúdos das mensagens que caracterizam a comunicação interna nas empresas são mais ou menos especializados, consoante a natureza das funções exercidas pelos seus colaboradores e tipo de actividade desenvolvida.

A comunicação interna abrange as seguintes áreas:

- Informação Administrativa

Constituída por todas as informações que podem conduzir à tomada de decisões pelos gestores da empresa, nomeadamente: informação contabilística, relatórios administrativos, publicações periódicas, etc.

- Informação Técnico-Comercial

Conjunto de informações relativas às características tecnológicas dos produtos, seus preços, margens, segmentos de mercado e procedimentos utilizados pelas áreas comerciais nos seus contactos com os clientes.

- Informação de Gestão

Todos os dados constituídos por indicadores de natureza financeira, económica, técnica e comercial que permitem a tomada de decisões pela administração ou direcção da empresa.

A CORRESPONDÊNCIA E O CIRCUITO DA CORRESPONDÊNCIA EXTERNA

A correspondência de uma empresa, bem como o seu tratamento, são factores bastante importantes e as normas vigentes em cada empresa devem ser seguidas com critério e rigor.

A correspondência recebida do exterior compreende fundamentalmente:

- Recepção ou recolha;

- Selecção, registo (quando ainda existe este procedimento), triagem e distribuição do correio recebido;

- Tratamento a dar a essa correspondência;

- Arquivo da correspondência, quando os assuntos estão concluídos.

Assim, a correspondência que entra na empresa pode classificar-se nos seguintes tipos:

- Normal;

- Registada e registada com aviso de recepção;

- Correio expresso;

- Entregue em mão e com protocolo[7];

- Em nome individual;

- Confidencial.

Toda a correspondência dirigida em nome individual e confidencial só deve ser aberta pelo próprio. Contudo, se o envelope estiver endereçado como se apresenta a seguir, poderá ser aberto pelos serviços da empresa encarregados de tal função, por ser um assunto geral da empresa, embora endereçado à atenção de uma determinada pessoa, para um melhor encaminhamento deste.

Liber Tempor, Lda.
Av. Soluta Nobis, nº 3
4000 -123 Porto

Qui Blandit, S. A.
A/C Exmo. Senhor
Carlos Silva
Rua Euismod Tincidunt, nº 25
4567-123 Nonummy

A correspondência confidencial é sempre dirigida a uma determinada pessoa ou a um determinado cargo (Exmo. Senhor Director-geral). Nunca se remete uma carta confidencial tendo como destinatário o nome de uma empresa ou organização.

---

[7] Livro utilizado para registar a entrega ou recepção de documentos.

A NORMALIZAÇÃO

Como normalização entende-se o uso de procedimentos pré-estabelecidos (normas) em consenso por organismos nacionais e internacionais, que permitem reger actividades específicas, no intuito de promover a:

Economia	Limitando a variedade de produtos e procedimentos.
Comunicação	Estabelecendo meios mais eficientes na troca de informação entre o fabricante e o cliente e melhorando as relações comerciais e serviços.
Segurança	Protegendo a vida, a saúde humana e o meio ambiente.
Protecção ao consumidor	Assegurando aos consumidores a qualidade do produto que adquirem.
Simplificação	Uniformizando procedimentos e circuitos documentais.
Eliminação das barreiras técnicas e comerciais	Evitando a existência de regulamentos não compatíveis sobre produtos e serviços nos diferentes países, para um intercâmbio comercial mais fácil.

Esta normalização é a nível internacional, europeu e nacional, da competência dos seguintes organismos:

Normas	Organismo	Sigla
Normas internacionais	ISO - International Organization for Standardization	ISO
Normas europeias	CEN – Comité Européen de Normalisation	EN
Normas portuguesas	IPQ – Instituto Português da Qualidade	NP

A NORMA

Consequentemente, pode-se definir a norma como um documento estabelecido por consenso entre as diversas Comissões Técnicas de Normalização, que tomam parte no processo, e aprovada por um organismo reconhecido, para ser implementada quer a nível nacional, quer internacional. Portanto, as normas têm como finalidade estabelecer procedimentos, padronizar formas, dimensões, tipos, usos, fixar classificações ou terminologias e glossários, definir a maneira de medir ou determinar as características, como os métodos de procedimento, visando a obtenção de um grau de optimização e de ordenação num determinado contexto.

Classificação das normas

As normas podem ser classificadas de diversas maneiras e duas das principais classificações, sob as quais se encontram, são quanto ao **Tipo** e quanto ao **Nível**.

Quanto ao tipo existem normas de:

1. Procedimento   2. Especificação   3. Padronização   4. Ensaio

5. Classificação   6. Terminologia   7. Simbologia

Já **quanto ao nível**, este refere-se mais à sua utilização do que à sua elaboração, embora quase sempre ambos coincidam. Ainda quanto aos níveis da normalização, estes dividem-se em três grandes sectores: internacional, nacional e empresarial.

PIRÂMIDE DE NORMALIZAÇÃO

A nível empresarial, a normalização também está presente através da aplicação de procedimentos uniformizados e utilização de regras, ou directivas, que visam contribuir para um melhor desenvolvimento económico e social da empresa.

Este tipo de normalização vem referido geralmente nos manuais de imagem e de directivas institucionais das empresas.

- **O Manual de Imagem Institucional** determina a imagem que deverá ser projectada para o exterior através de uma identidade gráfica, especificando os procedimentos a serem seguidos e a uniformização dos documentos empresariais.

- **O Manual de Directivas Institucionais** permite uniformizar procedimentos administrativos e comerciais, processos productivos e proporcionar os meios necessários aos colaboradores da empresa para uma troca adequada de informações entre fornecedores, parceiros de negócio e clientes, e ainda a forma como a empresa se deve posicionar no mercado, a fim de assegurar uma actuação concertada no desenvolvimento da sua actividade.

Exemplos de normas

Normas internacionais

- ISO 639 - Determina as abreviaturas para os nomes das línguas.

Nome na própria língua	Língua	Abreviatura ISO 639
Castellano	Espanhol	ES
Dansk	Dinamarquês	DA
Deutsch	Alemão	DE
Ellinikà	Grego	EL
English	Inglês	EN
Français	Francês	FR
Gaeilge	Irlandês (ou Gaélico)	GA
Italiano	Italiano	IT
Nederlands	Holandês	NL
Português	Português	PT
Suomi	Finlandês	FI
Svenska	Sueco	SV

- ISO 4217 - Determina as abreviaturas para as moedas

Nome da Moeda	ISO 4217
Euro, pl. Euros	EUR
Coroa Dinamarquesa	DKK
Libra Inglesa	GBP
Coroa Sueca	SEK
Dólar Canadiano	CAD
Dólar Americano	USD
Franco Suíço	CHF
Coroa Norueguesa	NOK
Nova Lira Turca	TRY
Iene Japonês	JPY

Normas portuguesas

	Título
NP - 5	Ofício ou Carta; Formato A4; Apresentação da primeira página
NP - 9	Escrita dos números
NP - 113	Documentação; Divisões de um documento escrito; Numeração progressiva
NP - 13	Sobrescritos e bolsas; Impressão e utilização
NP - 3680	Documentação; Descrição e referências bibliográficas; Abreviaturas de palavras típicas

Verifica-se, assim, que devido à necessidade de racionalização de serviços, a normalização abrange os documentos empresariais, e a carta comercial segue, na generalidade, estes princípios, que vêm aliados às normas internas das empresas.

NP - 5 Ofício ou Carta; Formato A4; Apresentação da primeira página

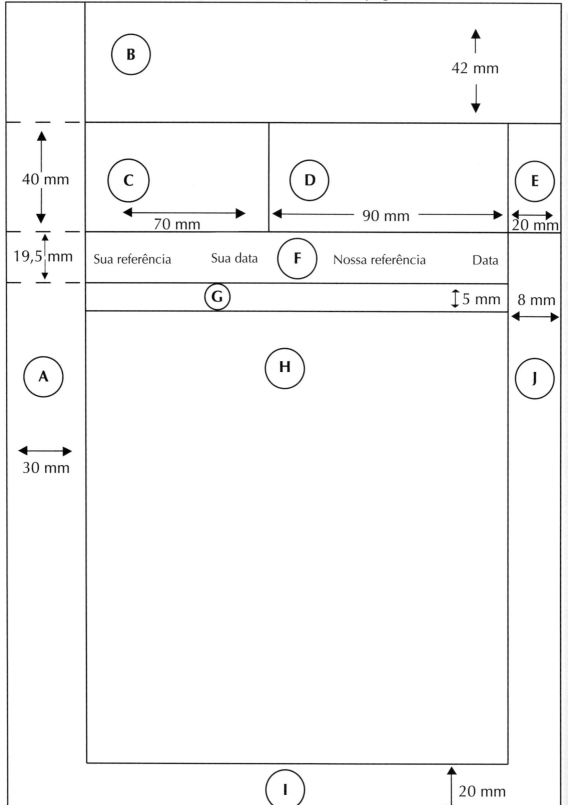

Legenda

A	Margem lateral esquerda	B	Cabeçalho - logo; NIPC; Matrícula na Conservatória do Registo Comercial
C	Espaço livre para despachos e notas	D	Endereço
E	Espaço em branco	F	Referências
G	Assunto	H	Texto
I	Margem inferior - telefone; morada; etc.	J	Margem lateral direita

NP 13 - Envelope normalizado

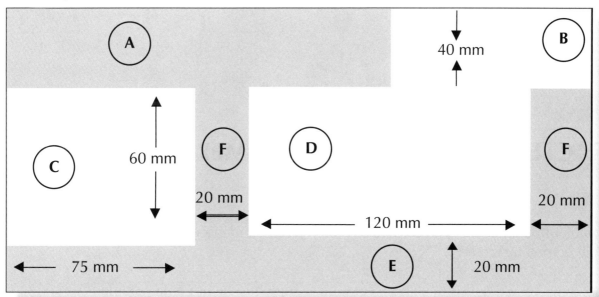

	Legenda		
A	Zona do remetente	**B**	Zona de serviço postal; Franquia; Marcas de obliteração
C	Zona de inscrições variadas que o remetente pode introduzir	**D**	Zona para inscrever o endereço do destinatário
E	Zona exclusiva para o serviço postal onde nada pode ser escrito	**F**	Zonas a não serem preenchidas

CARACTERÍSTICAS DA CARTA COMERCIAL

O formato normalizado na carta comercial é a folha A4 – dimensões 210 mm x 297 mm – geralmente em papel branco ou creme.

A carta comercial é um instrumento de comunicação dentro de um enquadramento empresarial e/ou comercial, razão pela qual tem características próprias.

A saber:

- **Boa apresentação**: demonstrando existir ordem e organização.

- **Clareza**: para uma boa interpretação e eficácia na transmissão da mensagem.

- **Concisão**: porque a carta comercial é uma ferramenta de trabalho e não uma dissertação. A lei suprema da correspondência comercial obriga à concisão. Actualmente o ritmo acelerado do mundo dos negócios requer leituras e decisões rápidas, no entanto, a carta comercial deve conter uma informação completa e precisa.

- **Exactidão**: para transmitir confiança ao cliente e projectar para o exterior uma boa imagem da empresa, aliada a uma redacção com precisão e elucidativa.

- **Prudência**: o redactor deve assegurar-se de que o conteúdo da carta está de acordo com a política geral da empresa. Mesmo numa carta apresentando uma reclamação, não se deve entrar em polémica.

- **Delicadeza**: mesmo que a atitude do seu correspondente não seja correcta, deve-se evitar demonstrar desagrado com tal situação. Reflectir e ponderar bem a resposta. Uma atitude diplomática recolhe sempre trunfos.

APRESENTAÇÃO DACTILOGRAFADA

É indispensável respeitar as normas geralmente seguidas pela prática comercial, tendo em atenção os seguintes aspectos:

- O tipo de letra a ser utilizado deve ser simples, do estilo de *Arial, Courier, Times New Roman, Tahoma, Verdana*, ou outra, sempre de estilo próprio para edição de documentos.

- O tamanho da letra deve ser 12.

- Justificar o texto, não dividindo as palavras no final da linha.

- A pontuação fica sempre junto à palavra.

- Os parágrafos são escritos a espaço simples entre linhas.

- Cada final de parágrafo será marcado por um espaçamento duplo entre linhas.

- Os parágrafos são sempre alinhados à esquerda.

- Actualmente já não se faz a indentação dos parágrafos.

- Não deve haver abuso no uso de negrito, itálico, sublinhado e letras maiúsculas. O negrito só se aplica ao assunto da carta, ou se esta estiver dividida em várias partes, para destacar essas mesmas partes. A utilização de itálico, conforme foi referido atrás, será para escrever palavras estrangeiras.

- Igualmente, não deve haver lugar a sombreados, relevo, bordas ou qualquer outra forma de formatação que afecte a elegância e a sobriedade do documento.

- A impressão dos textos deve ser feita na cor preta.

- A impressão colorida deve ser utilizada apenas para a apresentação de gráficos e ilustrações, geralmente constantes em documentos anexos à carta.

- Margens: a margem superior deve ser de 3,0 cm, a inferior de 2,5 cm, a direita de 2,5 cm e a esquerda de 3,0 cm.

Lei suprema: respeitar as normas utilizadas na empresa em que se trabalha. Muitas empresas estabelecem essas normas através dos seus Manuais de Imagem Institucional.

PARTES DO PAPEL DA CARTA COMERCIAL

1 - Cabeçalho ocupado pelo logótipo e nome da empresa/organização

Vem no topo do papel de carta A4.

Quando se utiliza uma folha branca, e não existindo papel de carta pré-impresso, deve-se criar um cabeçalho com o nome e o endereço de quem emite a correspondência.

2 - Endereço e elementos que identificam a empresa ou organização

Estes elementos vêm, de uma forma geral, no fim do papel A4 (em rodapé) e são constituídos por: (1) identificação da empresa: capital social, NIPC, registo na Conservatória do Registo Comercial; (2) localização e contactos.

Observação: Se bem que na norma (NP 5) venha indicado que os elementos que identificam a empresa são colocados no topo da carta, hoje é prática corrente virem em rodapé. Existem, contudo, diversas formas das empresas apresentarem o seu papel de carta, estando este aspecto gráfico muito ligado à imagem gráfica da empresa.

3 - Data

A data em que a carta é enviada é, geralmente, impressa três linhas abaixo do cabeçalho da carta. Com respeito à data, importa lembrar:

- Nome do mês com maiúscula;

- Após a data, não existe ponto final;

- Os números designativos de ano não se separam por ponto ou espaço, escrevendo-se: 2007 e não 2.007 ou 2 007;

- Os números de uma data separam-se por hífen e não por barra oblíqua, ficando: 2007-11-30 ou 30-11-2007 e não 30/11/2007.

 Actualmente é corrente adoptar a data segundo a ISO 8601 e a NP EN 28601: 2006-11-30 (ano – mês – dia). Ver ponto que refere como se escrevem as datas e anos.

4 - Nome e endereço do destinatário

O nome e o endereço do destinatário vêm mais abaixo e no alinhamento da data. Não se abreviam as menções: Senhor, Senhora, Empresa, etc.
O código postal é colocado antes da localidade.

Empresa ou Organização
A/C[8] Exmo. Senhor
Nome da Pessoa
Morada
Código Postal (completo) e Localidade

ou ainda:

Empresa ou Organização
A/C[8] Direcção Financeira
Morada
Código Postal (completo) e Localidade

5 - «À atenção de .../Ao cuidado de ...»

A linha de «À atenção de» que tem como abreviatura «A/C» (Ao cuidado de) é colocada após o nome da empresa. Este procedimento indica que a carta vai à atenção de alguém ou de determinado sector da empresa, para um melhor encaminhamento. Conforme indicado anteriormente, neste caso a carta pode ser aberta pelos serviços centrais ou pelo secretariado.
Se o endereço é transcrito da seguinte forma:

Exmo. Senhor
António Silva
Empresa
Morada
Código Postal – Localidade

quer dizer que é uma carta de teor restrito e, portanto, só deve ser aberta pelo próprio.

---

[8] Se houver lugar a indicar, esta será a linha para colocar à atenção de quem, ou de que sector, é dirigida a carta.

6 - Referências

As referências relativas à correspondência (número de processo, iniciais de quem redige a carta e de quem a digita, etc.) podem ser colocadas em diversos locais, dependendo muito da apresentação que cada empresa dá à sua correspondência. Geralmente, estes aspectos seguem normas internas da empresa, pelo que não se fará aqui qualquer menção a este assunto.

Quando a empresa tem por norma indicar o autor da carta e quem a digita, as iniciais em letra maiúscula designam o primeiro e as iniciais em minúsculas o segundo. Se a carta fosse redigida por António Silva e digitada por Fernanda Matos ficaria: **AS/fm**.

7 - «Cópia para...»

Quando é enviada uma cópia para outrém, além do destinatário, este facto deve vir sempre mencionado na carta. A linha de «Cópia para:» permite ao leitor saber que outra pessoa vai receber uma cópia daquele documento. Também se pode utilizar a abreviatura «C.C.» que significa «com conhecimento» ou «com cópia».

Esta informação vem sempre mencionada numa posição inferior ao destinatário e é colocada a partir da margem esquerda da carta.

Laoreet Wisi, Lda.

Lisboa, 2007-06-21

Aliquam Erat, Lda.
Rua Hend Rerit - 24
1400-300 Lisboa

C.C.
Exmo. Senhor
António Silva
Nobis Eleifend, Lda.

8 - Assunto da carta

O assunto da carta é uma frase breve que descreve o seu conteúdo. O assunto pode ser colocado antes do elemento vocativo ou após este. É mais moderno colocar após o elemento vocativo, omitindo a palavra «Assunto».

Laoreet Wisi, Lda.

Lisboa, 2007-06-21

Aliquam Erat, Lda.
Rua Hend Rerit - 24
1400-300 Lisboa

Exmos. Senhores,

Pagamento de Factura

Junto enviamos o cheque nº 000000 sobre o Banco Utnibh para liquidação da vossa factura nº ...

---

9 - Iniciação

A iniciação da carta abrange o elemento vocativo (invocação), havendo várias fórmulas conforme o destinatário da carta. Na invocação a norma é a utilização de:

«Exmo. Senhor,» ou «Exma. Senhora,» (para pessoa singular) e «Exmos. Senhores,» (para pessoa colectiva) ⟹ sempre seguidos de vírgula.

Para o início, propriamente dito, há uma série de fórmulas conforme se indica a seguir, mas nada impede que se criem outras.

- Relativamente à vossa carta de ...

- Em resposta à vossa carta datada de ...

- Atendendo à solicitação expressa na vossa carta de ...

- Em cumprimento às determinações ...

- Solicitamos o favor de ...

- Informamos ...

- Recebemos a vossa carta de 17 de Novembro, que agradecemos, e ...

10 - Corpo da carta

O corpo da carta ou a exposição do assunto, que, obviamente, é variável de acordo com o que se pretende transmitir, compõe-se sempre de três partes:

- A primeira parte da carta é constituída pelo parágrafo de abertura, no qual se informa porque se está a escrever ou ainda se faz referência a correspondência recebida.
- A segunda parte é formada pelos parágrafos intermédios, onde se desenvolve o assunto.
- A terceira, e última parte da carta, refere-se ao último parágrafo (fecho da carta), onde são expressas fórmulas de cortesia já estabelecidas, tais como:

  • «Com os nossos melhores cumprimentos, subscrevemo-nos,»

  • «Na expectativa de uma breve resposta, apresentamos os nossos melhores cumprimentos.»

  • «Com os nossos cordiais cumprimentos.»

Devem-se evitar fórmulas, como as indicadas a seguir:

  • «Termino esta ...»

  • «Sem mais, termino esta ...»

  • «Sem outro assunto de momento, ...»

Este estilo de fórmulas é considerado redundante porque, no primeiro caso, é evidente que se está a terminar a carta e nos outros dois se houvesse algo mais a dizer, ter-se-ia escrito sobre tal.

(1) Faz parte da etiqueta do mundo dos negócios, quando se responde a uma carta, a resposta seguir a ordem em que é apresentado o assunto.
(2) Cada carta trata única e exclusivamente de um assunto.

11 - Assinatura da carta

A carta é assinada pelo seu autor ou por delegação deste. A assinatura vem sempre após o nome da empresa e antes do nome dactilografado do seu autor, bem como do cargo que este ocupa na empresa, ou sector que emite a carta. É obrigatório identificar sempre o autor da carta, a fim de permitir a quem responde dirigir-se ao seu interlocutor.

Apresentamos os nossos melhores cumprimentos e subscrevemo-nos,

Atentamente,
Empresa, Lda.

António Silva

António Silva
Director Comercial

ou ainda

Apresentamos os nossos melhores cumprimentos e subscrevemo-nos,

Atentamente,
Empresa, Lda.

António Silva

António Silva
antonio.silva@empresa.pt
Tesouraria

Assinatura por delegação

Apresentamos os nossos melhores cumprimentos e subscrevemo-nos,

Atentamente,
Empresa, Lda.

António Silva
Director Comercial
/ Ana Lopes
Ana Lopes
Secretária

A assinatura é feita a caneta de tinta permanente ou esferográfica na cor azul ou preta. Não há lugar a outras cores.

12 - Anexos

A palavra «Anexo» ou «Anexos» sintetiza a documentação adicional (tal como catálogos ou listas de preços, etc.) que se remete conjuntamente com a carta e que vem referida no corpo da carta. A palavra «Anexo» ou «Anexos» vem sempre depois da assinatura.

Apresentamos os nossos melhores cumprimentos e subscrevemo-nos,

Atentamente,
Empresa, Lda.

António Silva
António Silva

Anexos: Catálogo ZYZ e Lista de Preços 2007

13 - Numeração de página

Se uma carta tiver mais de uma página, a partir da segunda página deve constar o número de página (a primeira página nunca é numerada).

Também convém salientar que, se a carta tem mais do que uma página, só a primeira página é impressa em papel de 1ª via de carta, sendo as páginas seguintes impressas em papel de 2ª via.

 O papel de 2ª via tem, apenas, o nome e logo da empresa, não existindo no cabeçalho ou rodapé a informação que identifica a empresa e contactos (capital social, NIPC, matrícula na Conservatória do Registo Comercial, endereço, telefone e fax, etc.).

No topo da segunda página e seguintes, se existirem, deverá constar um pequeno cabeçalho com os elementos-chave do destinatário da carta e na parte inferior, do lado direito, o número da página.

Apresenta-se a seguir a segunda folha de uma carta com três folhas, com o pequeno cabeçalho e o número de página.

Laoreet Wisi, Lda.

Lisboa, 2006-02-21

Aliquam Erat, Lda.
Coimbra

Consectetuer adipiscing elit, sed diam nonummy nibh euismod tincidunt ut laoreet dolore magna aliquam erat volutpat. Utnibh euismod tincidunt ut laoreet wisi enim ad minim veniam, quis nostrud.

2/3

Finalmente, após a elaboração da carta, e antes de a imprimir, deve-se verificar se a mancha está bem distribuída no papel A4 e se apresenta uma forma harmoniosa.

Apresenta-se a seguir um exemplo como deve ser dactilografada uma carta comercial e os espaços a dar entre linhas.

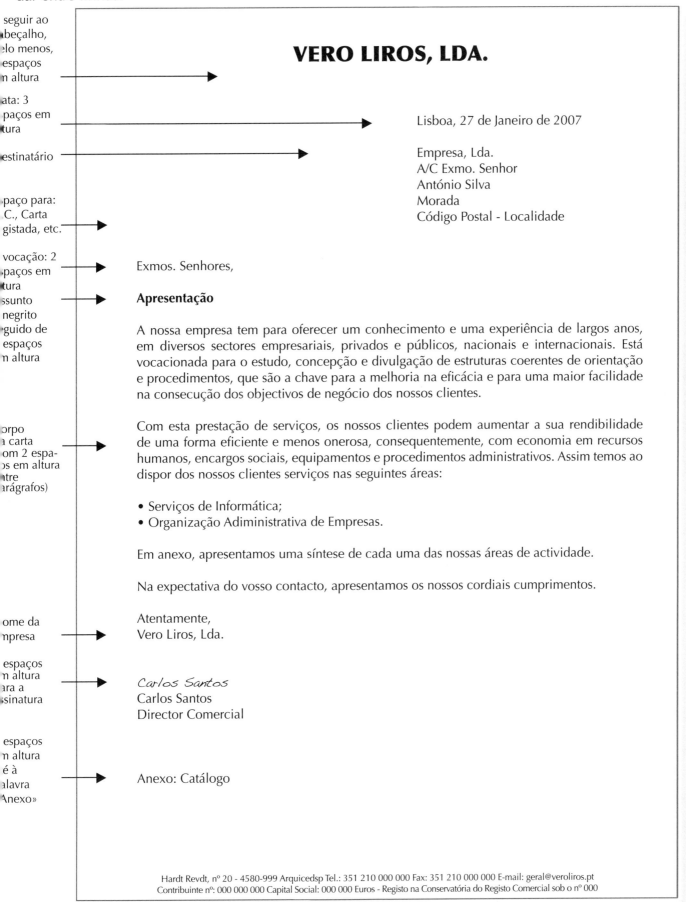

seguir ao
cabeçalho,
pelo menos,
espaços
em altura

Data: 3
espaços em
altura

destinatário

espaço para:
A.C., Carta
registada, etc.

invocação: 2
espaços em
altura

assunto
a negrito
seguido de
espaços
em altura

corpo
da carta
com 2 espa-
ços em altura
entre
parágrafos)

nome da
empresa

espaços
em altura
para a
assinatura

espaços
em altura
até à
palavra
«Anexo»

VERO LIROS, LDA.

Lisboa, 27 de Janeiro de 2007

Empresa, Lda.
A/C Exmo. Senhor
António Silva
Morada
Código Postal - Localidade

Exmos. Senhores,

Apresentação

A nossa empresa tem para oferecer um conhecimento e uma experiência de largos anos, em diversos sectores empresariais, privados e públicos, nacionais e internacionais. Está vocacionada para o estudo, concepção e divulgação de estruturas coerentes de orientação e procedimentos, que são a chave para a melhoria na eficácia e para uma maior facilidade na consecução dos objectivos de negócio dos nossos clientes.

Com esta prestação de serviços, os nossos clientes podem aumentar a sua rendibilidade de uma forma eficiente e menos onerosa, consequentemente, com economia em recursos humanos, encargos sociais, equipamentos e procedimentos administrativos. Assim temos ao dispor dos nossos clientes serviços nas seguintes áreas:

• Serviços de Informática;
• Organização Adiministrativa de Empresas.

Em anexo, apresentamos uma síntese de cada uma das nossas áreas de actividade.

Na expectativa do vosso contacto, apresentamos os nossos cordiais cumprimentos.

Atentamente,
Vero Liros, Lda.

Carlos Santos
Carlos Santos
Director Comercial

Anexo: Catálogo

Hardt Revdt, nº 20 - 4580-999 Arquicedsp Tel.: 351 210 000 000 Fax: 351 210 000 000 E-mail: geral@veroliros.pt
Contribuinte nº: 000 000 000 Capital Social: 000 000 Euros - Registo na Conservatória do Registo Comercial sob o nº 000

POSSÍVEIS MANCHAS DE TEXTO DE CARTAS COMERCIAIS

QUAT VEL, S. A.

Lisboa, 2007-02-26

Nibh Euismod
Hend Rerit In Vulputate Velit
4567-123 Adipiscing Elit

N/Ref.: 1234/2005
V/Ref.: 678B-RF

Exmos. Senhores,

Facilisis at Vero Liros et Accumsan

Consectetuer adipiscing elit, sed diam nonummy nibh euismod tincidunt ut laoreet dolore magna aliquam erat volutpat. Utnibh euismod tincidunt ut laoreet wisi enim ad minim veniam, quis nostrud.

Dexercitation ullam corper suscipit lobort. Duis autem vel eum iriure dolor in hend rerit in vulputate velit esse molestie conse quat vel illum dolore eu feugit nulla facilisis at vero. Leros et accumsan et iusto odio dignissim qui blandit praesent lupta tum zzril delenit augue duis dolore.

Wam liber tempor cum soluta nobis eleifend option congue nihil imperdiet doming id quod mazim placerat facer possim assum. Lorem ipsum dolor sit amet, consectetuer adipiscing elit, sed diam nonummy nibh euismod.

Com os nossos melhores cumprimentos, subscrevemo-nos,

Atentamente,
Quat Vel, S.A.

Pedro Silva
Administrador Delegado

Capital social 150 000 € • NIPC 000 000 000 • Matrícula Conservatória Registo Comercial nº 000
Morada • Telefone • Fax • E-mail

Carta sem alinhamento à direita e «Com conhecimento para terceiros»:

QUAT VEL, S. A.

Tratado por: A. Santos   Data: 2007-02-26   Ref.: 1234/2007

Nibh Euismod
Hend Rerit In Vulputate Velit
4567-123 Adipiscing Elit

C.C. Utnibh Euismod
      Feugit Nulla Facilisis
      At Vero

Exmos. Senhores,

Facilisis at Vero Liros et Accumsan

Consectetuer adipiscing elit, sed diam nonummy nibh euismod tincidunt ut laoreet
dolore magna aliquam erat volutpat. Utnibh euismod tincidunt ut laoreet wisi enim ad
minim veniam, quis nostrud.

Dexercitation ullam corper suscipit lobort. Duis autem vel eum iriure dolor in hend
rerit in vulputate velit esse molestie conse quat vel illum dolore eu feugit nulla facilisis
at vero. Leros et accumsan et iusto odio dignissim qui blandit praesent lupta tum zzril
delenit augue duis dolore.

Wam liber tempor cum soluta nobis eleifend option congue nihil imperdiet doming id
quod mazim placerat facer possim assum. Lorem ipsum dolor sit amet, consectetuer
adipiscing elit, sed diam nonummy nibh euismod.

Com os nossos melhores cumprimentos, subscrevemo-nos,

Atentamente,
Quat Vel, S.A.
Departamento Industrial

Pedro Silva
Administrador Delegado

Capital social 150 000 € • NIPC 000 000 000 • Matrícula Conservatória Registo Comercial nº 000
Morada • Telefone • Fax • E-mail

Carta com assunto antecedendo o elemento vocativo:

QUAT VEL, S. A.

Nibh Euismod
Hend Rerit In Vulputate Velit
4567-123 Adipiscing Elit

Lisboa, 2007-02-26

N/Ref.: 1234/2005
V/Ref.: 567/AZ

Assunto: **Facilisis at Vero Liros et Accumsan**

Exmos. Senhores,

Consectetuer adipiscing elit, sed diam nonummy nibh euismod tincidunt ut laoreet dolore magna aliquam erat volutpat. Utnibh euismod tincidunt ut laoreet wisi enim ad minim veniam, quis nostrud.

Dexercitation ullam corper suscipit lobort. Duis autem vel eum iriure dolor in hend rerit in vulputate velit esse molestie conse quat vel illum dolore eu feugit nulla facilisis at vero. Leros et accumsan et iusto odio dignissim qui blandit praesent lupta tum zzril delenit augue duis dolore.

Wam liber tempor cum soluta nobis eleifend option congue nihil imperdiet doming id quod mazim placerat facer possim assum. Lorem ipsum dolor sit amet, consectetuer adipiscing elit, sed diam nonummy nibh euismod.

Com os nossos melhores cumprimentos, subscrevemo-nos,

Atentamente,
Quat Vel, S.A.

Fernando Tavares
Director Gerente

FT/am

Capital social 150 000 € • NIPC 000 000 000 • Matrícula Conservatória Registo Comercial nº 000
Morada • Telefone • Fax • E-mail

Quando existe urgência em o destinatário conhecer o teor da carta, esta pode ser enviada previamente por fax e depois remetida por correio, assinalando-se o facto. De notar, ainda, que esta carta é redigida por uma pessoa que segue o assunto e assinada pela chefia.

QUAT VEL, S. A.

Tratado por: A. Santos   Data: 2007-02-26   Ref.: 1234/2007

Nibh Euismod
Hend Rerit In Vulputate Velit
4567-123 Adipiscing Elit

Carta também enviada para o fax: 21 200 000 010

Exmos. Senhores,

Facilisis at Vero Liros et Accumsan

Consectetuer adipiscing elit, sed diam nonummy nibh euismod tincidunt ut laoreet dolore magna aliquam erat volutpat. Utnibh euismod tincidunt ut laoreet wisi enim ad minim veniam, quis nostrud.

Dexercitation ullam corper suscipit lobort. Duis autem vel eum iriure dolor in hend rerit in vulputate velit esse molestie conse quat vel illum dolore eu feugit nulla facilisis at vero. Leros et accumsan et iusto odio dignissim qui blandit praesent lupta tum zzril delenit augue duis dolore.

Wam liber tempor cum soluta nobis eleifend option congue nihil imperdiet doming id quod mazim placerat facer possim assum. Lorem ipsum dolor sit amet, consectetuer adipiscing elit, sed diam nonummy nibh euismod.

Com os nossos melhores cumprimentos, subscrevemo-nos,

Atentamente,
Quat Vel, S.A.
Departamento Industrial

Pedro Silva

Capital social 150 000 € • NIPC 000 000 000 • Matrícula Conservatória Registo Comercial nº 000
Morada • Telefone • Fax • E-mail

Carta com duas páginas:

QUAT VEL, S. A.

Lisboa, 2007-02-26

Nibh Euismod
Hend Rerit In Vulputate Velit
4567-123 Adipiscing Elit

Exmos. Senhores,

Facilisis at Vero Liros et Accumsan

Consectetuer adipiscing elit, sed diam nonummy nibh euismod tincidunt ut laoreet dolore magna aliquam erat volutpat. Utnibh euismod tincidunt ut laoreet wisi enim ad minim veniam, quis nostrud.

Dexercitation ullam corper suscipit lobort. Duis autem vel eum iriure dolor in hend rerit in vulputate velit esse molestie conse quat vel illum dolore eu feugit nulla facilisis at vero. Leros et accumsan et iusto odio dignissim qui blandit praesent lupta tum zzril delenit augue duis dolore.

Wam liber tempor cum soluta nobis eleifend option congue nihil imperdiet doming id quod mazim placerat facer possim assum. Lorem ipsum dolor sit amet, consectetuer adipiscing elit, sed diam nonummy nibh euismod.

Consectetuer adipiscing elit, sed diam nonummy nibh euismod tincidunt ut laoreet dolore magna aliquam erat volutpat. Utnibh euismod tincidunt ut laoreet wisi eni ad minim veniam, quis nostrud. Dexercitation ullam corper suscipit lobort. Duis autem vel eum iriure dolor in hend rerit in vulputate velit esse molestie conse quat vel illum dolore eu feugit nulla facilisis at vero.

Leros et accumsan et iusto odio dignissim qui blandit praesent lupta tum zzril delenit augue duis dolore. Unulla facilisi.

Lorem ipsum dolor sit amet, consectetuer adipiscing elit, sed diam nonummy nibheuis mod tinciduntut laoreet dolor magna aliquam erat volutpat. Ut wisi enim ad minim veniam, quis nostrud exerci tation ullamcorper suscipit lobortis nisl ut aliquip ex ea commodo consequat.   Duis autem vel eum iriure dolor in hendrerit in vulputate velit esse molestie consequat, vel illum dolore eu feugiat nulla facilisis at vero eros et accum san et iusto odio dignissim qui blandit praesent luptatum zzril delenit augue. duis dolore te feugait nulla facilisi. Nam liber tempor cum soluta nobis eleifend option congue nihil imperdiet doming id quod mazim placerat facer possim assum.

Consectetuer adipiscing elit, sed diam nonummy nibh euismod tincidunt ut laoreet dolore magna aliquam erat volutpat. Utnibh euismod tincidunt ut laoreet wisi enim ad minim veniam, quis nostrud.

Capital social 150 000 € • NIPC 000 000 000 • Matrícula Conservatória Registo Comercial nº 000
Morada • Telefone • Fax • E-mail

2ª Página da Carta:

QUAT VEL, S. A.

Lisboa, 2007-02-26

Nibh Euismod
Adipiscing Elit

Dexercitation ullam corper suscipit lobort. Duis autem vel eum iriure dolor in hend rerit in vulputate velit esse molestie conse quat vel illum dolore eu feugit nulla facilisis at vero. Leros et accumsan et iusto odio dignissim qui blandit praesent lupta tum zzril delenit augue duis dolore.

Wam liber tempor cum soluta nobis eleifend option congue nihil imperdiet doming id quod mazim placerat facer possim assum. Lorem ipsum dolor sit amet, consectetuer adipiscing elit, sed diam nonummy nibh euismod.

Com os nossos melhores cumprimentos, subscrevemo-nos,

Atentamente,
Quat Vel, S.A.
Departamento Industrial

Pedro Silva
Director do Departamento

2/2

PREENCHER O ENVELOPE

O preenchimento do envelope está igualmente sujeito a certas normas, devendo os envelopes da empresa conter no canto superior esquerdo os elementos referentes ao remetente.

Dados do remetente:

• Logótipo e designação social da empresa;

• Morada com código postal.

Destinatário – a colocar na zona de endereço do destinatário:

• Nome do destinatário (indicar grau académico, se tiver);

• Nome da empresa;

• Morada;

• Código postal – Localidade.

Ou

• Nome da empresa;

• Morada;

• Código postal – Localidade.

Alguns exemplos de preenchimento de envelopes

• Envelope de carta confidencial enviada a uma senhora sem grau académico

```
Liber Tempor, Lda.
Av. Soluta Nobis, nº 3
4000 - 123 Porto



                                    Exma. Senhora
          Confidencial              D. Ana Silva
                                    Nobis Eleifend, Lda.
                                    Rua Aliquam Erat, nº 20
                                    1100-123 Lisboa
```

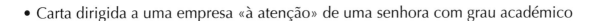

• Carta dirigida a uma empresa «à atenção» de uma senhora com grau académico

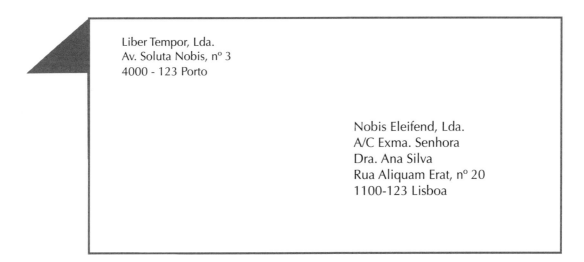

Liber Tempor, Lda.
Av. Soluta Nobis, nº 3
4000 - 123 Porto

Nobis Eleifend, Lda.
A/C Exma. Senhora
Dra. Ana Silva
Rua Aliquam Erat, nº 20
1100-123 Lisboa

• Envelope de carta dirigida a uma empresa (actualmente, coloca-se o nome da empresa, omitindo, antes do nome desta, «Exmos. Senhores»)

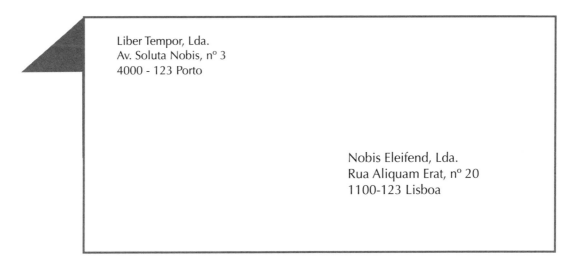

Liber Tempor, Lda.
Av. Soluta Nobis, nº 3
4000 - 123 Porto

Nobis Eleifend, Lda.
Rua Aliquam Erat, nº 20
1100-123 Lisboa

• Envelope de carta enviada a um particular

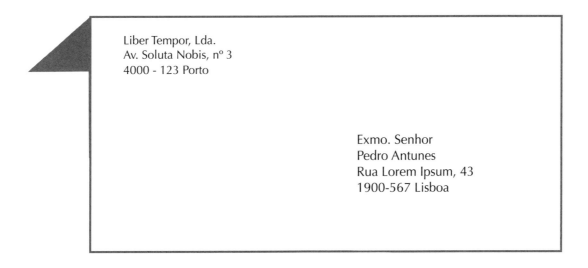

Liber Tempor, Lda.
Av. Soluta Nobis, nº 3
4000 - 123 Porto

Exmo. Senhor
Pedro Antunes
Rua Lorem Ipsum, 43
1900-567 Lisboa

Envelope de janela

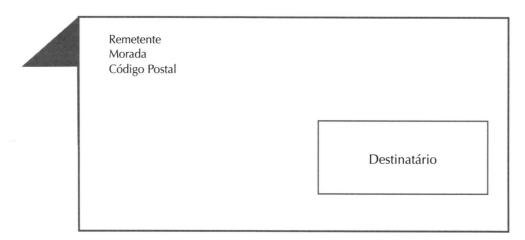

Dobrar e inserir a carta no envelope

Quando se utiliza o tamanho de envelope comum com janela (110 mm x 220 mm), para cartas comerciais, ao escrever o destinatário na carta, este deve ficar posicionado na folha A4 de tal forma que coincida com a janela, sendo a carta dobrada em três partes iguais (três partes iguais: 297 mm : 3 = 99 mm).

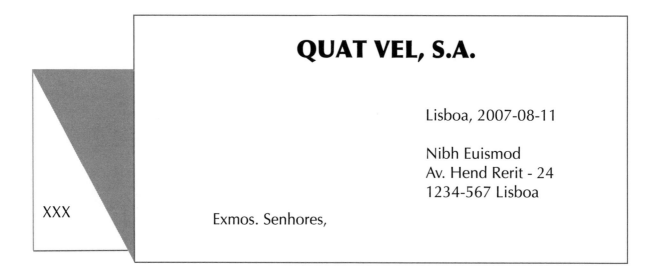

Antes de inserir a carta no envelope, verificar:

- se está assinada;

- se não faltam os anexos (caso existam).

INICIANDO A CORRESPONDÊNCIA

LOCUÇÕES ADVERBIAIS E PREPOSITIVAS, FÓRMULAS E EXPRESSÕES QUE FACILITAM A REDACÇÃO

A redacção de uma carta comercial tem como objectivo chegar a um texto que se enquadre dentro do estilo comercial, mas esse estilo estará repleto de escolhas pessoais, e um mesmo assunto poderá apresentar redacções diversas, dependendo da escolha das palavras que o redactor fizer.

Algumas palavras e expressões facilitam a redacção e a ligação entre as ideias, quer estejam num mesmo parágrafo quer não, mas não é obrigatório o emprego destas expressões para que um texto tenha qualidade e seja uma carta bem sucedida.

Seguem-se algumas sugestões e suas respectivas relações.

Adicionando informação
Acresce informar ...
Além disso ...
Em aditamento …

Afirmação
É evidente que ...
Estamos certos de que ...
Naturalmente ...
Podemos assegurar/garantir ...

Afirmando um ponto de vista contrário
Ainda que …
Embora …
Mesmo que …

Alternativa
De qualquer forma .../De qualquer maneira ...
No entanto ...
Por outro lado ...

Anexando documentos
Em anexo ...
Incluso segue ...
Junto enviamos ...

Fazendo referência a um assunto/situação
Com referência a ...
De acordo com o solicitado ...
Em referência a ...
Em resposta a ...
Referimo-nos a …
Relativamente à questão apresentada por V. Exas. ...
De acordo com o assunto em título/epígrafe ...
Reportamo-nos a ...
Tendo tomado conhecimento de ...

Fazendo a ligação entre ideias
Assim …
Assim sendo …
Além do mais …
Da mesma forma …
Por outro lado …

Causa/motivo
Como ...
Dadas as presentes circunstâncias …
Devido a …
Em consequência de …
Em face de ...
Em virtude de …
Já que ...
Perante a situação apresentada ...
Por motivo de …
Por razões de ...
Porque ...
Visto que ...

Concessão
Ainda que ...
Conquanto …
Embora …
Posto que…
Se bem que …

Concluindo
Assim …
Conforme ...
Dado o exposto acima ...

De acordo com ...
De facto ...
Deste modo ...
Logo que …
Nestas circunstâncias ...
Por conseguinte ...
Portanto …
Uma vez que ...

Condição
Apesar de ...
Caso ...
Dado que ...
Desde que ...
Devido a motivo de força maior ...
Na eventualidade de ...
Se ...
Sem que ...
Todavia ...
Uma vez que ...

Conformidade
Conforme ...
Consoante ...
Segundo ...

Duração
Durante ...
Enquanto que ...
No período de ...

Finalidade
A fim de ...
Para que …
Por que ...

Objectivo
Com o objectivo de ...
Com o propósito de ...
No intuito de ...

Marcando oposição entre dois enunciados
Contudo …
Entretanto …
Mas …
Porém …
Todavia …

Proporcionalidade
À medida que ...
Ao passo que ...
Na proporção em que ...
Quanto a ...
Tendo em conta ...

Recomendação/apresentação
Por indicação de ...
Por intermédio de ...
Através de ...

Tempo
A partir de ...
Actualmente ...
Antes de ...
Assim que ...
Até à presente data ...
Até que ...
Depois que ...
Entretanto ...
Impreterivelmente ...
Logo que ...
Mal ... («Mal a matéria-prima chegue, iniciar-se-á imediatamente o processo de fabrico.»)
Na sequência de ...
No período compreendido entre ...
Quando ...
Recentemente ...(«Recentemente tomámos conhecimento ...»)
Ultimamente ... («Ultimamente têm sido solicitadas medidas bastante ...»)

INÍCIOS DE CARTAS

SEM REFERÊNCIA A CORRESPONDÊNCIA ANTERIOR

- Temos o prazer de informar ...

- Gostaríamos que nos informassem se ...

- Fomos informados pela Câmara de Comércio de ... que estão interessados em ...

- A vossa Empresa foi-nos recomendada por ...

- Tivemos conhecimento de que a vossa Empresa …

ENQUADRANDO O ASSUNTO

- Somos ...

- Estamos a ...

- Temos ...

EM RESPOSTA A CORRESPONDÊNCIA RECEBIDA

 Quando se responde a correspondência, inicia-se a carta referindo sempre a correspondência recebida.

- Recebemos a vossa consulta de 10 de Março passado e confirmamos ...

- Acusamos a recepção da vossa carta de 20 do corrente, que agradecemos, e ...

- Em resposta à vossa carta de 25 de Outubro sobre ...., lamentamos informar que ...

- Referimos a vossa carta datada de 30 de Maio, que agradecemos, e informamos ...

- Respondendo à vossa carta de ...

- Relativamente à vossa carta de 10 do corrente, gostaríamos de vos comunicar …

FAZENDO REFERÊNCIA A CORRESPONDÊNCIA ANTERIOR E SEGUIMENTO DE ASSUNTO *(FOLLOW-UP)*

- Confirmamos a nossa carta de 23 de Janeiro passado, e agradecíamos que nos informassem ...

- Decorridos dois meses sobre a nossa apresentação, gostaríamos que ...

- Não tendo tido notícias vossas desde ..., admitimos que ...

- No seguimento da nossa carta de ... ,

- Como informámos V. Exas. através da nossa carta de ...

- Reportando-nos à nossa carta de ...

- Na sequência dos contactos estabelecidos com ...

FRASES PARA CORPO DE CARTA

- Informando

  - Para vossa informação, gostaríamos de referir ...

  - Segundo comunicação recebida através de ...

  - Gostaríamos de informar o seguinte ...

  - Como poderão constatar através da informação previamente remetida ...

  - Informamos/Comunicamos ...

- Solicitando

  - Agradecíamos que nos providenciassem ...

  - Agradecíamos que nos informassem ...

  - Gostaríamos de receber informação detalhada sobre ...

  - Agradecíamos que nos remetessem com a maior brevidade possível ...

  - Vimos solicitar ...

Em correspondência comercial, quando se solicita algo, constrói-se a frase utilizando verbos no pretérito imperfeito, pois torna a frase num tom mais suave e não tão impositiva. Ao se utilizar o pretérito imperfeito estamos a exprimir uma vontade, que não temos a certeza que se vá realizar, e ainda empregamos este tempo de verbo com sentido condicional para as situações para as quais não temos dúvida que se venham a realizar.

- Lembrando

    - Como certamente V. Exas. devem estar recordados ...

    - Gostaríamos de lembrar ...

    - Permitam-nos lembrar ...

    - Cumpre-nos lembrar V. Exas. de que iremos ...

    - Vimos lembrar ...

- Negociando

    - Caso V. Exas. considerem os nossos produtos/serviços competitivos ...

    - Esperamos vir a fechar negócio com a vossa Empresa ...

    - Estamos abertos a encetar uma negociação ...

    - Na sequência dos contactos havidos, gostaríamos de ...

    - Porque temos um vasto conhecimento do mercado nacional ...

    - Propomos .../Sugerimos …

    - Respondendo à vossa solicitação ...

    - Tentando ir ao encontro das vossas pretensões ...

    - Vimos agradecer a oportunidade que nos foi dada ...

- Procurando consenso

    - Através dos factos apresentados, depreendemos/consideramos ...

    - Caso V. Exas. aceitem a nossa proposta, estamos prontos a ...

    - Como certamente compreenderão/é do vosso conhecimento, é-nos difícil ...

    - Consideramos importante a resolução ...

    - Esperamos encontrar uma solução favorável a ambas as partes ...

    - Estamos completamente abertos a aceitar ...

    - Estamos conscientes de que ...

    - Encontramo-nos dispostos a ...

    - Na eventualidade de ... estamos abertos a encetar as negociações tendentes a ...

    - No caso de V. Exas. estarem na disposição de ...

    - Permitam-nos sugerir ...

CARTAS, CARTAS CIRCULARES E CIRCULARES

A CARTA COMERCIAL

Uma carta comercial é uma mensagem redigida em estilo próprio enviada por uma empresa para um cliente, fornecedor, banco, parceiro de negócios, etc. sobre um determinado assunto, que se prende com a essência da sua actividade.

A CARTA CIRCULAR

A carta circular é igualmente uma carta comercial emitida por uma empresa, dirigida e enviada simultaneamente a um público alargado, sobre um assunto pontual ou do interesse geral para os destinatários da mensagem.

Os diferentes tipos de cartas circulares dizem geralmente respeito a:

- Constituição de uma sociedade e respectiva informação ao seu público-alvo;

- Alterações ao pacto social, cessão de posição contratual;

- Nova administração, etc.;

- Alteração de endereço e/ou telefones;

- Inauguração de novas instalações, filiais, etc.;

- Alteração de preços, envio de listas de preços e catálogos;

- Liquidação de stocks;

- Lançamento de novos produtos e/ou serviços.

A carta circular deve reunir na sua redacção e apresentação as mesmas características e qualidades de uma carta dirigida a um único destinatário, pois cada destinatário gosta da ser tratado como um indivíduo e não como um mero elemento que integra um grupo alargado.

Assim, para dar às circulares esse toque personalizado, são recomendáveis e muito úteis certos cuidados.

A saber:

- Colocar nome e endereço do destinatário na própria carta circular (não apenas no envelope).

- Utilizar a função de impressão em série do Word, a fim de evitar situações como:

  «Exmo(a). Senhor(a),».

Através desta função do Word, dá-se à carta um aspecto de uma carta personalizada, nomeadamente no que diz respeito à data, nome e endereço do destinatário, elemento vocativo ou outras menções variáveis. Todos os elementos que variam de um destinatário para outro podem ser introduzidos na carta padrão através da impressão em série *(mail merge)* com base em informação existente numa base de dados existente.

Utilizar esta função do processamento de texto, vai permitir que um cliente do sexo feminino ou masculino leve o correspondente elemento vocativo que lhe é reservado:

«Exmo. Senhor,» ou «Exma. Senhora,» evitando-se o exemplo anterior.

- Assinar, ou, pelo menos, rubricar cada exemplar.

EXEMPLOS DE TEXTOS PARA CARTAS CIRCULARES DIRIGIDAS A EMPRESAS

Carta circular de uma pequena empresa:

QUAT VEL, S. A.

Lisboa, 2007-02-26

Nibh Euismod
Hend Rerit In Vulputate Velit
4567-123 Adipiscing Elit

Exmos. Senhores,

Remodelámos completamente o nosso *software* e equipamento e, presentemente, encontramo-nos em condições de executar todos os tipos de trabalho de tradução e processamento de texto aos melhores preços e prazos de entrega.

Colocamo-nos, desde já, à vossa inteira disposição para todas as informações complementares, que entendam necessárias, e teremos todo o prazer em vos dar a conhecer a nossa longa experiência no âmbito da nossa actividade.

Com os nossos cordiais cumprimentos, subscrevemo-nos,

Atentamente,
Quat Vel, S.A.
Departamento Comercial

António Santos

António Santos

Capital social 150 000 € • NIPC 000 000 000 • Matrícula Conservatória Registo Comercial nº 000
Morada • Telefone • Fax • E-mail

Carta circular sobre aumento de preços:

QUAT VEL, S. A.

Lisboa, 2007-03-25

Nibh Euismod
Hend Rerit In Vulputate Velit
4567-123 Adipiscing Elit

Exmos. Senhores,

Devido à recente subida de preço das matérias-primas e ao aumento dos salários, informamos que fomos obrigados a rever os nossos preços em 3%, pelo que a partir do próximo dia 1 de Junho de 2007 entrarão em vigor as nossas novas listas de preços.

Assim, aproveitamos a oportunidade para vos remetermos as referidas listas, que substituem todas as anteriores.

Certos da vossa compreensão para com este aumento, apresentamos os nossos melhores cumprimentos.

Atentamente,
Quat Vel, S.A.
Departamento Comercial

António Santos

António Santos

Capital social 150 000 € • NIPC 000 000 000 • Matrícula Conservatória Registo Comercial nº 000
Morada • Telefone • Fax • E-mail

Carta circular sobre novo produto:

QUAT VEL, S. A.

Lisboa, 2007-02-26

Nibh Euismod
Hend Rerit In Vulputate Velit
4567-123 Adipiscing Elit

Exmos. Senhores,

Temos o maior prazer em vos enviar informação detalhada sobre o nosso novo produto *Facilisis* e aproveitamos para lembrar que estamos disponíveis para qualquer esclarecimento através dos seguintes contactos:

- Suporte Comercial   800 000 000 (24 horas por dia/365 dias ano)
- Suporte Técnico   800 000 001 (24 horas por dia/365 dias ano)
- ou via e-mail   servicocliente@servico.pt

Com os nossos melhores cumprimentos, subscrevemo-nos,

Atentamente,
Quat Vel, S.A.
Departamento Comercial

António Santos

António Santos

Anexo: Catálogo *Facilisis*

Capital social 150 000 € • NIPC 000 000 000 • Matrícula Conservatória Registo Comercial nº 000
Morada • Telefone • Fax • E-mail

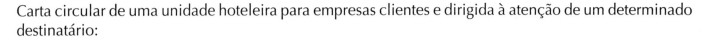

Carta circular de uma unidade hoteleira para empresas clientes e dirigida à atenção de um determinado destinatário:

QUAT VEL, S. A.

Lisboa, 2007-02-26

Exmo. Senhor
António Silva
Nibh Euismod
Hend Rerit In Vulputate Velit
4567-123 Adipiscing Elit

Prezado Cliente,

Já abrimos a nossa unidade hoteleira completamente renovada, e esta é certamente uma notícia importante para si, que procura sempre as melhores soluções de lazer para os seus momentos de descontracção, bem como dos seus Clientes.

Se considera relevante estar num ambiente citadino, mas também ligado à natureza e ao conforto de uma decoração moderna, como parte integrante da oferta de alojamento que temos para os nossos Clientes, poderá encontrar aqui todos esses atributos num espaço único.

Para além da localização, junto a espaços de lazer de eleição e de fácil acesso, a nossa unidade hoteleira é sem dúvida a escolha adequada.

Aqui, após a recente remodelação, os pequenos detalhes fazem a grande diferença e presentemente dispomos de 150 quartos, incluindo suites, quartos para não fumadores, 3 restaurantes, *health club* com piscina coberta e piscina ao ar livre.

Esperamos pela sua visita e pela sua opção em escolher a nossa unidade hoteleira para desfrutar momentos únicos na nossa companhia, pois será um prazer servi--lo.

Com os nossos cordiais cumprimentos,

Atentamente,
Hotel Vero Liros

Manuel Silva
Director Comercial

Capital social 150 000 € • NIPC 000 000 000 • Matrícula Conservatória Registo Comercial nº 000
Morada • Telefone • Fax • E-mail

A CIRCULAR

Enquanto que a carta circular é uma mensagem destinada ao público externo à empresa, a circular é uma comunicação escrita interna utilizada no seio das empresas para informar os colaboradores sobre determinações de serviço com carácter de aplicação permanente e geral, ou outros assuntos de interesse da empresa e dos colaboradores. A circular pode ser distribuída pelos colaboradores ou afixada num quadro de notícias.

As circulares devem ser elaboradas com texto em tudo semelhante ao que já se apurou anteriormente, com frases curtas, se possível dividindo e numerando os parágrafos e esquematizando o mais possível.

A circular constará do seguinte:

- Data;

- Número da circular (caso seja norma da empresa);

- Assunto;

- Explanação do assunto;

- Fecho - expressão de cortesia - de uso facultativo;

- Assinatura, seguida do respectivo cargo ou função. Neste caso não será necessário levar o nome dactilografado de quem assina, dado tratar-se de um documento interno e ser do conhecimento geral quem ocupa determinado cargo.

A circular, como é uma comunicação escrita interna, deve ser elaborada em papel de carta de 2ª via (papel que apenas dispõe do logótipo e do nome da empresa).

Exemplo de uma circular:

QUAT VEL, S. A.

Santarém, 2007-05-14

CIRCULAR Nº 025/2006

Encerramento da Cantina para Obras

Informam-se todos os Colaboradores que, devido à futura remodelação da Cantina da Empresa, esta irá estar encerrada a partir do próximo dia 1 de Julho, durante cerca de um mês, pelo que todos os Colaboradores irão receber durante o período de encerramento um acréscimo de ...€ ao seu subsídio de refeição diário.

Esperamos ser breves e lamentamos qualquer inconveniente que estas obras possam vir a causar.

Carlos Silva
Director-Geral

O *DIRECT MAIL* (CARTA DE PUBLICIDADE DIRECTA)

As empresas ao definirem os seus clientes-alvo actuam através de empresas de publicidade especializadas na redacção deste tipo de cartas, designadas correntemente por *direct mail* ou carta de publicidade directa.

Estas cartas utilizam técnicas bastante elaboradas e aplicam certos princípios fundados na experiência publicitária para transformar um eventual comprador num indivíduo privilegiado em receber determinada informação.

Assim, este tipo de cartas é elaborado segundo critérios sociais, económicos, financeiros, profissionais e ainda segundo os hábitos de compra correspondentes.

A carta de publicidade directa emprega um tom muito mais pessoal e será eficaz se puder ser confundida com uma comunicação pessoal. Este tipo de cartas, contrariamente à carta puramente comercial, já aceita palavras escritas a diferentes cores, sublinhados e anotações à margem com um estilo bem mais livre.

A CORRESPONDÊNCIA INFORMAL

O FAX

O fax é um meio de comunicação rápido, eficiente e económico para envio de mensagens escritas urgentes e, eventualmente, outro tipo de informação em folha simples de papel. O fax possibilita ainda o envio e/ou recepção em diferentes formatos de papel que podem variar entre o A5 e o A4. Os documentos enviados por fax mantêm a forma e a estrutura que lhes são inerentes.

O fax utilizado de uma maneira normal é um processo comunicacional de acesso não restrito e, portanto, no envio de mensagens confidenciais requer uma confirmação prévia de que o destinatário vai ser o receptor da mensagem. Quando se tem a certeza que o emissor e o receptor são os únicos intervenientes, a transmissão passa a ser de segurança elevada, visto estes equipamentos não permitirem interferências, desligando-se de imediato se houver qualquer tentativa.

Convém ainda salientar que existem faxes que permitem que outros faxes venham a ler documentos introduzidos em memória, sendo necessário para tal que sejam conhecidos os códigos de acesso, sem os quais a comunicação não é efectuada.

Existem diversos formulários para este tipo de correspondência que variam sensivelmente de empresa para empresa. O Word dispõe de formulários específicos, que poderão ser obtidos neste *software*. No Word XP estes formulários podem ser seleccionados clicando em: Ficheiro ⟹ Novo ⟹ Modelos Gerais ⟹ Cartas e Faxes e, finalmente, no modelo que pretendemos utilizar.

No entanto, as empresas que se correspondem com o estrangeiro dispõem, geralmente, de formulários bilingues (língua do país + inglês).

Na redacção de mensagens a serem enviadas por fax, a linguagem deve, igualmente, ser simples e concisa e omitindo-se o elemento vocativo, passando directamente ao assunto. O fecho deste tipo de correspondência é composto por:

- Melhores cumprimentos
  ou
- Cordiais cumprimentos

O fax não deve ser utilizado para substituir as cartas. No entanto, quando se trata de correspondência formal ou oficial, quando de carácter urgente e não confidencial, pode ser enviada por fax uma cópia da carta que vai ser expedida pelo correio, indicando esse facto na folha de rosto[9] que anexa a carta, ou na própria carta, conforme exemplificado anteriormente. Nesse mesmo dia, o original segue por correio.

---

[9] Folha de rosto - pequeno formulário com os dados de identificação da mensagem a ser enviada, conforme exemplo apresentado.

A correspondência por fax é considerada informal, não devendo este equipamento ser utilizado para enviar felicitações, agradecimentos ou sentimentos de pesar, porque este tipo de correspondência segue regras protocolares.

Exemplo de folha de rosto de fax e texto:

FAX

Adipiscing Elit, Lda.

Endereço/Address	*Tel.:* 351+210 000 000
Rua Sed Diam - 4	*Fax:* 351+210 000 010
PT - 1000-000 Lisboa - Portugal	*E-mail:* geral@adipiscingelit.pt

Para/To: **Sr. Marcos Valente**   *Data/Date:* **2007-03-03**
            Qui Blandit, Lda.
Fax nº: **289 000 000**

Este fax consiste em This fax contains *pages*	01	*páginas incluindo esta* *including this one*

De/From: **Carlos Simões**   *Cópia para/Copy to:* **DIRF/António Tavares**

Assunto/Subject: **Transferência Bancária**

De acordo com a nossa conversa telefónica de hoje, informo que procedemos nesta data à transferência da verba relativa à vossa factura nº 2004324.

Cordiais cumprimentos,

Carlos Simões

O CORREIO ELECTRÓNICO (E-MAIL)

O correio electrónico (e-mail) devido ao seu baixo custo e celeridade, transformou-se na principal forma de comunicação para transmissão de mensagens e documentos informatizados.

Um dos aspectos atractivos de comunicação por correio electrónico é a sua flexibilidade e rapidez, mas neste tipo de comunicação deve-se continuar a observar as regras de uma linguagem compatível com a comunicação empresarial.

O e-mail é, também, considerado um meio informal para comunicar, devendo ser utilizado apenas para troca de mensagens que não se revistam de carácter formal ou confidencial. Convém salientar que este meio de comunicação está sujeito a uma eventual captação por terceiros.

Segundo a legislação em vigor, para que uma mensagem por correio electrónico tenha valor documental, e possa ser aceite como um documento original, é necessário que a entidade que a emite esteja certificada para esse fim.

Como escrever um e-mail

- O campo «assunto» do formulário de e-mail deve ser preenchido de modo a facilitar a organização dos documentos, tanto do destinatário como do remetente. O campo do assunto é o objectivo da mensagem.

- A saudação como «Caro Pedro Amaral,» é uma confirmação para o destinatário de que a mensagem é para ele.

- Frases e parágrafos curtos, objectivos e em sequência lógica.

- A mensagem, que encaminha algum ficheiro anexo, deve trazer informações mínimas sobre o seu conteúdo.

- Sempre que disponível, deve recorrer-se ao pedido de «confirmação de leitura». Se não for possível, deve constar da mensagem o pedido de confirmação do seu recebimento.

- Incluir saudações finais simples do estilo «Melhores cumprimentos,».

Ao responder a um e-mail, devem-se seguir as mesmas regras de redacção que existem para a correspondência comercial.

A saber:

- Responder parágrafo a parágrafo, separando estes por dois espaços em altura (um no fim do parágrafo e outro na linha imediatamente inferior).

- As mensagens mais longas devem ter introdução, desenvolvimento e conclusão, como qualquer mensagem comercial.

- Estilo de redacção em linguagem ao tempo actual, pois um processo comunicacional bastante moderno não se coaduna, de forma alguma, com uma linguagem antiquada.

- Quando se enviam e-mails para fora da empresa/organização, deve-se evitar linguagem extremamente tecnicista e/ou siglas que apenas tenham significado para a empresa ou organização em que se trabalha.

- Antes de se enviar o e-mail, deve-se ler atentamente o texto e utilizar correctores ortográficos.

- Verificar se os ficheiros a anexar são os correctos, abrindo-os a partir do e-mail, antes de enviar a mensagem.

- Nunca escrever os textos apenas em letras maiúsculas ou minúsculas. As primeiras são consideradas como uma forma agressiva, enquanto que as segundas podem ser entendidas como desprezo ou falta de consideração pelo seu correspondente.

- Caso a apresentação gráfica seja importante, deve-se optar por enviar o texto num anexo.

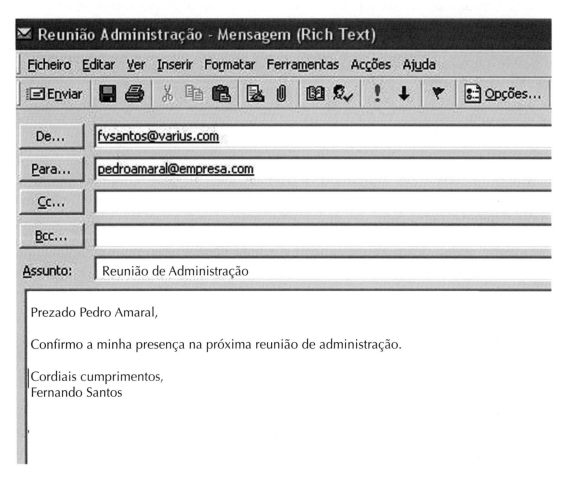

Regras para o e-mail

- Não utilizar a caixa de entrada como um arquivo.

- Não reenviar e-mails, a não ser quando o correspondente informar que não recebeu um determinado e-mail.

- Enviar apenas e-mails de grupo para destinatários que pertençam à empresa ou organização e, ainda, quando se tem a certeza de que são úteis para todos os destinatários.

- Quando se pretende enviar um e-mail para um grupo de destinatários exteriores à empresa ou organização, não devem ser revelados os seus endereços a terceiros, pelo que estes devem ser colocados na função «Bcc» (cópia oculta). Analogamente, a cópia oculta pode ser utilizada para o envio de uma mensagem interna da empresa para um ou mais colaboradores e o chefe do sector poderá acompanhar o assunto sem que os destinatários tenham conhecimento.

Se estivermos a preparar um e-mail deste tipo no Outlook, devemos proceder da seguinte forma:
(1) Criar a mensagem;
(2) Em «Ferramentas» escolher «Seleccionar Destinatários», depois seleccionar os diversos destinatários pretendidos e de seguida clicar em «Bcc», adicionando desta forma os diversos endereços;
(3) Depois clicar em «OK» e na mensagem a ser enviada irão aparecer os endereços sob o campo «Bcc».

Assim, a privacidade de cada destinatário fica preservada e não é dado a conhecer a quem foi enviada a mensagem.

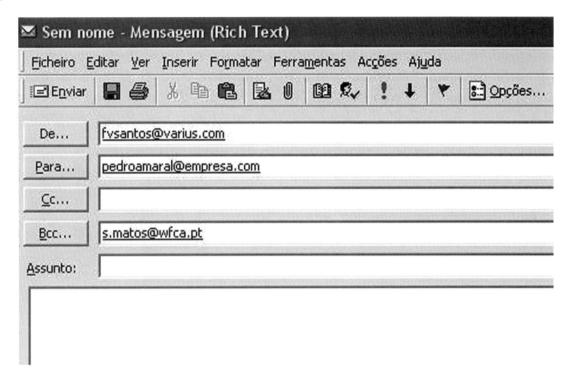

- Quando se está ausente do escritório por certos períodos, deve-se recorrer à função de «out of office assistant». Esta função permite que as mensagens que se destinam a um determinado destinatário originem uma informação de retorno imediata, dando a conhecer a quem enviou a mensagem que o seu correspondente se encontra ausente e quando está previsto o seu regresso.

- Sempre que se enviam anexos superiores a 5 MB é indispensável utilizar *softwares* de compactação.

- Imprimir só em último caso.

- Não difundir correntes de mensagens do estilo de pedidos/piadas/boatos ou rumores.

- Utilizar *softwares* de filtragem.

- Procurar dar o seu endereço de e-mail apenas a quem precisar dele.

- As mensagens recebidas e que digam respeito à actividade profissional, apesar de poderem ser visualizadas sem serem abertas, não devem ser apagadas sem efectuar este procedimento, pois o emissor da mensagem pode receber a informação de que a mensagem foi eliminada sem ser lida, o que é uma descortesia.

AS NEWSLETTERS

Analogamente às cartas de publicidade directa *(direct mail)*, as newsletters são actualmente uma forma de as empresas divulgarem os seus produtos e serviços e ainda de informação geral enviada periodicamente por e-mail para uma série de clientes-alvo, não dando a conhecer os destinatários da mensagem.

Convém salientar que a newsletter não é considerada um SPAM (e-mail recebido sem solicitação), já que segue certas normas e este tipo de mensagens só é difundido para quem solicitou informações e ainda para eventuais clientes que integram determinadas bases de dados.

A redacção da newsletter prende-se com a actividade de marketing e publicidade e, portanto, segue regras muito específicas.

O PROCESSO DE COMPRA E VENDA

A CONSULTA

A perspectiva de compra, quando feita através de correspondência comercial, é designada por consulta, que é a carta através da qual um comprador consulta eventuais fornecedores sobre um bem ou serviço que pretende adquirir, especificando os requisitos para tal aquisição.

Portanto, não é necessário ser um perito para escrever uma simples carta de consulta, quer solicitando que sejam enviadas listas de preços e/ou catálogos, quer pedindo a apresentação de uma proposta com preços e condições comerciais para determinado produto ou serviço. Neste último caso, o cliente deverá detalhar especificamente o que pretende.

Uma primeira consulta é uma carta enviada a um eventual fornecedor, com quem nunca se teve negócios, e, portanto, deverá começar indicando a forma como se obteve o seu nome ou apresentar a razão porque se está a fazer a consulta. O comprador deverá dar alguns detalhes do seu próprio negócio, a fim do possível fornecedor poder preparar melhor a sua resposta.

Geralmente, as empresas quando fazem uma consulta ao mercado, enviam uma consulta a mais de um fornecedor, para poderem comparar preços e condições comerciais e optarem por aquela que lhes é mais favorável.

Estas cartas serão sucintas e curtas, mas devem expressar correctamente o que se pretende adquirir, a fim de permitir uma resposta bem fundamentada com base nos requisitos apresentados.

Indicam-se a seguir frases para elaboração de cartas de consulta.

LISTAS DE PREÇOS/CONSULTA

- Agradecíamos o favor de nos enviarem o vosso catálogo e lista de preços referentes a ...

- Solicitamos que nos indiquem os vossos melhores preços para ...

- Agradecíamos que nos apresentassem uma proposta para o seguinte: ...

- Tivemos conhecimento do lançamento do vosso novo produto ... e pretendíamos que nos enviassem informação detalhada sobre o mesmo.

PRIMEIRAS CONSULTAS

- A vossa Empresa foi-nos recomendada por ...

- O vosso nome foi-nos fornecido por ... e gostaríamos que nos informassem se ...

- Vimos o vosso anúncio no ... e agradecíamos que nos enviassem as vossas listas de preços, bem como as vossas condições comerciais devidamente detalhadas para ...

- Estamos interessados nos vossos produtos apresentados recentemente na Feira de Hamburgo e gostaríamos de receber as vossas condições comerciais para exportação.

NA PERSPECTIVA DE UM FUTURO NEGÓCIO

- Como temos uma extensa rede de clientes/rede de distribuição/um grande volume de negócios dentro da gama de ...

  - ... esperamos que nos concedam as vossas melhores condições comerciais.
  - ... ficamos na expectativa de uma proposta favorável.

- Se os vossos produtos forem de acordo com a amostra, vender-se-ão rapidamente neste mercado.

- Se os vossos preços forem competitivos ...

- Se o vosso equipamento for de boa qualidade e o preço competitivo ...

- Se nos garantirem fornecimentos regulares ...

- Se os vossos artigos forem de encontro às nossas pretensões ...

- Se o vosso serviço de assistência técnica for rápido e eficiente ...

- Desde que mantenham preços moderados, estamos dispostos a ...

SOLICITANDO CONDIÇÕES ESPECIAIS

- Dado sermos representantes de diversos grandes exportadores ...

- Como dispomos de uma rede a nível nacional ...

- Em virtude de sermos representantes exclusivos de ...

  - ... estaríamos unicamente interessados numa representação com exclusividade ...
  - ... poderíamos comercializar os vossos produtos com bons resultados.
  - ... gostaríamos de saber se V. Exas. estão preparados para nos concederem um desconto especial.
  - ... gostaríamos que nos dessem uma oportunidade para negociarmos um contrato com V. Exas.

FAZENDO REFERÊNCIA À QUALIDADE, DIVERSOS REQUISITOS, ETC.

- A qualidade deve ser de acordo com a amostra ...

- Os vossos artigos devem conter características idênticas à amostra em anexo.

- O peso e a cor devem ser consoante a amostra fornecida ...

- Material e fabrico de primeira qualidade são essenciais.

- Um produto certificado segundo a norma ... é um requisito essencial para que possamos colocar uma encomenda.

- Só será aceite fruta embalada, a fim de estar em condições perfeitamente frescas à sua chegada.

- Devemos salientar que o equipamento deve ter garantia de um ano e assistência pós-venda, segundo especificação em anexo.

- O material deve ser completamente estanque e a nossa encomenda está sujeita a esta característica.

- Todos os comprimentos devem ser cortados nas dimensões exactas, conforme especificação técnica em anexo.

- Em caso de encomenda, marcas ou danos na superfície dos artigos levam-nos a rejeitar os mesmos.

- Um acabamento de elevada qualidade é um requisito essencial.

ENVIO - ENTREGA

- Como temos de cumprir um contrato, agradecemos o favor de nos informarem se, em caso de encomenda, nos poderão garantir uma expedição até ao próximo dia ...

- Agradecemos que nos indiquem qual poderá ser a vossa melhor data de entrega.

- Agradecemos que nos comuniquem, na volta do correio, se V. Exas. poderão efectuar uma entrega dentro de 3 semanas, após recepção de uma encomenda firme.

- Em caso de encomenda, a entrega deve ser imediata.

- Na eventualidade de uma encomenda, temos necessidade de ter os artigos em nosso poder, o mais tardar, até ao próximo dia 1 de Junho.

- Agradecemos o favor de nos informarem se os vossos representantes poderão expedir uma primeira encomenda no navio ...

Uma primeira consulta:

QUAT VEL, S. A.

Lisboa, 2007-02-26

Nibh Euismod
Hend Rerit In Vulputate Velit
4567-123 Adipiscing Elit

Exmos. Senhores,

Tivemos conhecimento através da Câmara de Comércio de ... que produzem ... para exportação em materiais naturais, existindo no nosso mercado uma elevada procura para artigos de primeira qualidade deste tipo, especialmente em cores claras.

Assim, agradecíamos que nos enviassem o vosso catálogo e lista de preços, bem como informação detalhada sobre as vossas condições comerciais para exportação, juntamente com umas amostras.

Com os nossos melhores cumprimentos, subscrevemo-nos,

Atentamente,
Quat Vel, S.A.
Departamento de Compras

António Silva
António Silva

Capital social 150 000 € • NIPC 000 000 000 • Matrícula Conservatória Registo Comercial nº 000
Morada • Telefone • Fax • E-mail

QUAT VEL, S. A.

Lisboa, 2007-02-26

Nibh Euismod
Hend Rerit In Vulputate Velit
4567-123 Adipiscing Elit

Exmos. Senhores,

Vimos o vosso anúncio no ... e estamos interessados nos vossos produtos em alumínio e respectivos acessórios, dado anualmente o nosso volume de negócio para este tipo de produtos atingir um valor considerável.

Assim, gostaríamos de receber o vosso catálogo e especificações detalhadas, bem como uma proposta para fornecimento dos artigos especificados na lista em anexo, indicando os vossos preços CIF Lisboa.

Apreciaríamos, ainda, que nos indicassem o vosso melhor prazo de entrega, condições de pagamento e descontos para encomendas regulares.

Na expectativa das vossas notícias, subscrevemo-nos,

Atentamente,
Quat Vel, S.A.
Departamento de Compras

António Silva
António Silva

Capital social 150 000 € • NIPC 000 000 000 • Matrícula Conservatória Registo Comercial nº 000
Morada • Telefone • Fax • E-mail

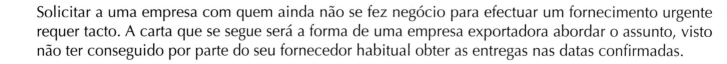

Solicitar a uma empresa com quem ainda não se fez negócio para efectuar um fornecimento urgente requer tacto. A carta que se segue será a forma de uma empresa exportadora abordar o assunto, visto não ter conseguido por parte do seu fornecedor habitual obter as entregas nas datas confirmadas.

QUAT VEL, S. A.

Lisboa, 2007-02-26

Nibh Euismod
Hend Rerit In Vulputate
4567-123 Adipiscing Elit

Exmos. Senhores,

O vosso nome foi-nos indicado pela Empresa ..., vossa cliente habitual há já alguns anos, pois havíamos solicitado que nos indicassem um fabricante com capacidade para efectuar fornecimentos com prazos de entrega reduzidos para os artigos especificados na lista em anexo.

Confidencialmente informamos V. Exas. que o nosso fornecedor habitual não tem cumprido com os prazos de entrega e quantidades requeridas, e, nestas circunstâncias, vemo-nos na contingência de não conseguirmos cumprir alguns dos nossos contratos no estrangeiro.

Caso V. Exas. possam fornecer os artigos solicitados no prazo de uma semana, agradecemos que nos apresentem as vossas condições para uma encomenda, com pagamento por carta de crédito.

Esperamos que consigam ir ao encontro dos nossos actuais requisitos e informamos que se os vossos artigos forem de boa qualidade e as vossas condições comerciais competitivas, estaremos interessados em efectuar um contrato a longo prazo com a vossa Empresa.

Na expectativa das vossas breves notícias, subscrevemo-nos,

Atentamente,
Quat Vel, S.A.
Departamento de Compras

António Silva
António Silva

Capital social 150 000 € • NIPC 000 000 000 • Matrícula Conservatória Registo Comercial nº 000
Morada • Telefone • Fax • E-mail

A PROPOSTA

A procura realizada pelas empresas através de consultas ao mercado, origina por parte dos fornecedores uma oferta apresentada por escrito, que se designa em correspondência comercial por proposta.

A proposta é a carta em que o eventual fornecedor propõe um bem ou serviço a ser fornecido, iniciando-se, assim, caso se venha a concretizar o negócio, um contrato de compra e venda de bens ou serviços.

Consequentemente, a formação de um contrato de compra e venda de bens e serviços inicia-se sempre com uma carta-proposta, por parte da empresa vendedora do bem ou fornecedora do serviço, dirigida à eventual empresa compradora, abrangendo os seguintes pontos que regem a referida proposta:

1. Âmbito do Fornecimento (Descrição do que se propõe);

2. Condições Comerciais (Preços, Condições de Pagamento, Prazos de Entrega, Validade da Proposta);

3. Condições Gerais (Condições Gerais de Venda da Empresa, Condições de Fornecimento Internacionais, Condições de Cedência de Pessoal, etc.).

Após recepção da proposta, pode haver um período de negociação, no qual o eventual comprador poderá apresentar uma contraproposta ao vendedor, solicitando alterações ao que é proposto, no intuito de obter um contrato de compra e venda que vá ao encontro dos requisitos de ambas as partes (quem fornece e quem compra).

A seguir à proposta, existe a fase da aceitação (Encomenda), que pressupõe que o Comprador manifeste o seu assentimento ao proposto pelo Vendedor. A Encomenda deve ser feita dentro do prazo de validade da proposta. Após ter expirado a data de validade da proposta, o Vendedor deverá pronunciar-se se consegue manter as condições anteriormente apresentadas ou se estas têm de ser reformuladas. Neste último caso, o Vendedor poderá enviar uma carta rectificando as condições inicialmente apresentadas ou apresentar uma proposta completamente nova.

A empresa vendedora, ao receber a encomenda, deve sempre apresentar por escrito (por carta ou fax) a Confirmação de Encomenda.

Neste processo de compra e venda, é muito frequente as empresas adquirirem bens ou serviços além fronteiras (importação) e ainda haver empresas que dada a sua internacionalização se projectam para os mercados externos, dando lugar a processos de exportação.

COMO SE FORMA UM CONTRATO DE COMPRA E VENDA DE MERCADORIAS INTERNACIONAL

A formação de um contrato de compra e venda de mercadorias internacional está convencionado na Convenção de Viena, no nº1 do artigo 14 e, conforme indicado acima, inicia-se com uma proposta, devendo esta ser bem precisa no que diz respeito à especificação do seu âmbito de fornecimento, quantidades e preços, condições de pagamento e de entrega.

Evidentemente que, após a fase de aceitação, com a colocação da encomenda, inicia-se todo o processo de exportação/importação.

As operações de comércio internacional são reguladas por regras internacionais, designadas por **Incoterms**, que normalizam os procedimentos relativamente a custos, riscos e responsabilidades inerentes à mercadoria que diz respeito a determinado negócio.

A *International Chamber of Commerce* (ICC) - Câmara de Comércio Internacional - publica desde 1936 os *«International Commercial Terms»* (Incoterms), que se podem traduzir como uma colecção de Regras para a interpretação das Condições Internacionais de Comércio.

Os **Incoterms** não dizem como é feito o pagamento e as suas modalidades, nem determinam o direito da propriedade ou o incumprimento do contrato. Os Incoterms fazem parte do contrato de compra e venda internacional e procuram, apenas, cobrir as questões:

- Quem entrega a mercadoria e onde?

- Onde acaba a responsabilidade e risco do vendedor?

- Onde começa a responsabilidade e risco do comprador?

determinando os direitos e obrigações mínimas do exportador e do importador quanto a fretes, seguros, movimentação em terminais, desalfandegamento e obtenção de documentos. Estas obrigações estão directamente ligadas ao custo de uma transacção, daí o significado da sua importância.

Nestas circunstâncias, a proposta tem de ser formulada de tal forma que não deixe dúvidas quanto ao tipo de exportação/importação, às regras da transacção e às respectivas responsabilidades dos contratos a serem assinados entre as partes.

Evidentemente que, em caso de encomenda, existe um acordo entre as partes para a utilização de determinado *Incoterm*.

As designações dos *Incoterms* dividem-se por quatro grupos que, consoante uma determinada premissa, se iniciam pelas letras «E», «F», «C» e «D» e dizem respeito a:

E – Ponto de partida;

F – Transporte principal não pago;

C – Transporte principal pago;

D – Ponto de chegada.

Grupo «E» - Ponto de partida

EXW (EX Works) - Neste caso, toda a responsabilidade da carga é do importador. O exportador apenas disponibiliza o produto nas suas instalações. A partir daí, as despesas ou prejuízos com danos ficam a cargo de quem compra. Este tipo de modalidade é pouco utilizado e é possível para qualquer meio de transporte.

Grupo «F» - Transporte principal não pago

FCA (Free Carrier) - O importador indica o local onde o exportador entregará a mercadoria, onde cessam as suas responsabilidades sobre a carga, que fica sob custódia do transportador. Pode ser utilizado por qualquer meio de transporte.

FAS (Free Alongside Ship) - A mercadoria deve ser entregue pelo exportador junto ao costado do navio, e pronta para embarque. As despesas de carregamento e todas as demais daí por diante são por conta do importador. Este *Incoterm* é usado para transporte marítimo ou hidroviário.

FOB (Free on Board) - É a modalidade mais utilizada. O exportador entrega a carga a bordo do navio no porto de embarque, dessa forma, todas as despesas no país de origem ficam a cargo do exportador. Os demais encargos, como frete e seguro, além da movimentação da carga no destino, correm por conta do importador. A modalidade também é restrita aos transportes marítimo e hidroviário e por avião.

FOT (Free on Truck) – Idem, mas para a modalidade de transporte TIR.

FOR (Free on Rail) – Idem, mas para a modalidade de transporte por comboio.

Grupo «C» - Transporte principal pago

C&F (Cost and Freight) - Sob este termo, o exportador entrega a carga no porto de destino, custeando os encargos com o frete. Os riscos, no entanto, cessam a partir do momento em que a mercadoria cruza a amurada do navio, pelo que o seguro é da responsabilidade do importador, assim como o desalfandegamento, caso exista, no destino.

CIF (Cost, Insurance and Freight) - Esta modalidade é semelhante ao C&F, mas o exportador é responsável também pelo valor do seguro. Portanto, o exportador tem de entregar a carga a bordo do navio, no porto de destino, com frete e seguro pagos.

CPT (Carriage Paid to) - O termo reúne as mesmas obrigações do C&F, ou seja, o exportador deverá pagar as despesas de embarque da mercadoria e o seu frete internacional até ao local de destino designado, sendo o seguro da responsabilidade do importador. A diferença é que pode ser utilizado com relação a qualquer meio de transporte.

CIP (Carriage and Insurance Paid to) - Esta modalidade tem as mesmas características do CIF, onde o exportador arca com as despesas de embarque, do frete e do seguro da mercadoria até ao local de destino indicado. A diferença reside no facto de poder ser utilizado para todos os meios de transporte.

Grupo «D» - Ponto de chegada

DAF (Delivered At Frontier) - A mercadoria é entregue pelo exportador no limite de fronteira com o país importador. Este termo é utilizado principalmente nos casos de transporte rodoviário ou ferroviário.

DES (Delivered Ex Ship) - O exportador coloca a mercadoria à disposição do importador no local de destino, a bordo do navio, arcando com todas as despesas de frete e seguro, ficando isento apenas dos custos de desalfandegamento. Utilizado exclusivamente para transporte marítimo ou hidroviário.

DEQ (Delivered Ex Quay) - A mercadoria é disponibilizada ao importador no porto de destino designado, sendo da responsabilidade do exportador os encargos inerentes ao frete, seguro e despesas relativas ao desembarque. O importador é responsável apenas pelas despesas com o desalfandegamento.

DDU (Delivered Duty Unpaid) - Esta modalidade possibilita o chamado esquema porta-a-porta, uma vez que fica a cargo do exportador entregar a mercadoria no local designado pelo importador, com todas as despesas pagas, excepção apenas para o pagamento de direitos aduaneiros, impostos e demais encargos relativos à importação, caso existam. Pode ser utilizado para qualquer modalidade de transporte.

DDP (Delivered Duty Paid) - Este sistema é exactamente o oposto do Ex-Works, pois toda a responsabilidade da mercadoria é do exportador, que tem o compromisso de entregar a mercadoria no local determinado pelo importador, pagando inclusive os impostos e outros encargos de importação. O exportador apenas não paga o desalfandegamento da mercadoria. Pode ser utilizado para qualquer modalidade de transporte.

OS DOCUMENTOS

Os documentos devem preencher os requisitos comerciais, oficiais, de seguro e de transporte.

Normalmente, é o importador que transmite ao exportador a relação de documentos necessários para que a mercadoria entre no país de destino.

A maioria das operações necessita dos seguintes documentos:

Factura Proforma - Emitida pelo exportador com a finalidade de ser um documento que mostra com clareza o que vai ser adquirido e em que condições. A factura proforma deve descrever claramente todos os pontos relevantes para a transacção como descrição da mercadoria, condições comerciais e de pagamento, embalagem, volumes, transporte internacional, seguro, preço, prazo de entrega, validade da cotação e os documentos que deverão ser expedidos. Com este documento o importador poderá solicitar a abertura de crédito documentário e, se necessário, requerer as autorizações necessárias para proceder à importação.

Conhecimento de Embarque (BL - Bill of Lading)/Carta de Porte Aéreo (AWB - Airway Bill), ou Documento similar - Este documento é emitido pelo transportador internacional, ou pelo seu agente autorizado e atesta que este recebeu a carga para a embarcar para o exterior. Deve ser preenchido com precisão, discriminando todos os detalhes da transacção, principalmente quando o pagamento é realizado através de carta de crédito.

Lista de Embalagens (Packing List) - É uma relação simples dos volumes embarcados e dos respectivos conteúdos. Geralmente, é utilizado quando a operação envolve mais do que um volume, ou quando um mesmo volume contém vários tipos de produtos, para orientar o importador na chegada da mercadoria.

Certificado de Origem - Os certificados de origem são exigidos por legislação para produtos especiais, como os fitossanitários, ou por alguns países de destino. Nesses casos, é imprescindível também a sua entrega ao importador, para cumprimento de exigências legais no país de destino ou para habilitar o importador a isenções ou reduções de imposto de importação decorrentes de acordos internacionais.

Carta de Crédito (Letter of Credit) - Restrita às operações que têm como condição o pagamento por carta de crédito.

Certificado ou Apólice de Seguro - Quando for exigida a contratação de seguro da mercadoria, deve ser providenciado junto da companhia seguradora antes do embarque da mercadoria.

Carta de Entrega - O banco negociador junta neste protocolo todos os documentos que lhe foram entregues.

Contrato de Câmbio - É por intermédio desse documento que se formaliza a troca de divisas, ou seja, a conversão da moeda estrangeira para a nacional.

Factura Comercial (Commercial Invoice) - É o documento internacional com validade vigente a partir da saída do produto do país. Sem este documento o importador não consegue desalfandegar a mercadoria (quando existem barreiras alfandegárias).

AS CONDIÇÕES DE PAGAMENTO

Todo o pagamento para além do espaço Europeu do Euro está vinculado a uma operação de câmbio. Este procedimento compreende três fases:

A primeira é a contratação, quando o exportador assina o contrato de câmbio com o banco que fará a conversão da moeda estrangeira para a nacional. Nesse momento, é definida a taxa de câmbio que será utilizada na operação.

A segunda fase é a negociação, quando o exportador entrega ao banco os documentos originais da venda, para que os mesmos sejam enviados ao importador, possibilitando a este efectuar o pagamento ou dar o aceite (em casos de pagamento a prazo).

A terceira e última fase é a liquidação, vinculada à condição de pagamento negociada entre as partes.

O exportador, antes da assinatura do contrato, deve verificar algumas cláusulas importantes, como:

* A identificação do fornecedor.

* Qual a taxa de câmbio fixada com o banco que vai servir de base à operação e valor correspondente na moeda nacional.

* Os valores das parcelas que são fixadas, de acordo com a modalidade de venda, seguro e frete internacional.

* Prazo para a entrega dos documentos.

Existem três formas de pagamento:

Pagamento Antecipado (Advanced Payment ou Down Payment)
Nesta modalidade, o importador efectua o pagamento através de uma ordem de pagamento ou envio de cheque, antes do embarque da mercadoria ou do envio da documentação. Os documentos originais podem ser enviados directamente ao importador, enquanto as cópias são entregues ao banco para que este faça a liquidação e encerre a operação.

Cobrança (Sight Draft)
Neste caso, o exportador envia a mercadoria para receber posteriormente o pagamento. A operação envolve sempre um banco no exterior e pode abranger as seguintes formas:

* **Cobrança à Vista (Cash Against Documents)** - O exportador embarca a mercadoria e entrega ao banco nacional a documentação, que é remetida ao banco correspondente no estrangeiro, que, por sua vez, solicita ao importador que efectue o pagamento e lhe entrega os documentos para levantar a mercadoria.

- **Cobrança a Prazo (Time Draft)** - O exportador expede e envia a documentação via banco, para o estrangeiro. O banco no estrangeiro recebe o aceite do importador e entrega-lhe a documentação para liberar a mercadoria.

- **Cobrança Livre (Clean Collection)** - O exportador remete a documentação directamente ao importador. Neste caso, deve haver confiança entre as partes e uma relação comercial extensa, uma vez que de posse da documentação o comprador libera a mercadoria, efectuando depois o pagamento.

Nestas formas de pagamento, os bancos nacional e estrangeiro actuam apenas como intermediários de documentação e não para garantirem qualquer pagamento, por isso, é importante que o exportador se previna sabendo quem é o comprador.

Carta de Crédito (Letter of Credit - L/C)

Esta modalidade inclui muitos detalhes, mas é a mais segura para o comércio internacional, principalmente nas primeiras negociações com um importador ou quando as informações sobre este apresentem restrições, uma vez que o banco emitente da carta de crédito garante, em nome do importador, o pagamento ao exportador, desde que sejam respeitados os termos e condições descritos no documento.

Esta operação de crédito documentário é constituída, pelo menos, por 4 partes:

- (1) O **importador** (ordenante); (2) o **banco emitente**, com o qual o importador celebra um contrato de abertura de crédito documentário que, por sua vez, confirma o acto com (3) o **banco do exportador (banco intermediário)** abrindo este uma carta de crédito a favor do (4) **exportador** (beneficiário).

A finalidade deste contrato é comportar uma dupla segurança relativamente à obtenção do pagamento por parte do vendedor e à efectivação do recebimento das mercadorias por parte do comprador. O banco emitente assume perante o beneficiário uma obrigação de pagamento contra entrega dos documentos mencionados na carta de crédito.

Todas as particularidades de uma Carta de Crédito são publicadas pela Câmara de Comércio Internacional, que estão geralmente disponíveis nas instituições bancárias que operam com este tipo de transacções.

Independentemente da sua origem, a carta de crédito tem informações padronizadas, conforme segue:

- **Data de emissão da carta de crédito**;

- **Nome do banco emitente**;

- **Importador** (ordenante);

- **Exportador** (beneficiário);

- **Número da carta de crédito** - toda a carta de crédito tem um número de controlo fornecido pelo banco emitente;

- **Valor** - correspondente ao valor negociado;

- **Condição de venda** - o valor mencionado tem de estar de acordo com a condição de venda negociada;

- **Condição de pagamento** - forma de liquidação correspondente à negociada;

- **Local de expedição** - ponto de saída da mercadoria;

- **Local de destino** - ponto de chegada da mercadoria, conforme previsto na negociação;

- **Expedições parciais:**
  a) embarques parciais permitidos, ou
  b) embarques parciais não permitidos.

Transbordo - se esta operação for permitida.

Descrição das mercadorias - a descrição das mercadorias deve corresponder exactamente ao que vai ser fornecido.

Quantidade - a quantidade indicada deve corresponder à negociada.

Documentos exigidos - geralmente, uma carta de crédito exige, entre outros, os seguintes:

- Factura Comercial;

- Conhecimento de Embarque/Carta de Porte Aéreo, ou documento similar;

- Lista de Embalagens;

- Certificado de Seguro Internacional, no caso de operação CIF;

- Certificado de Peso;

- Certificado de Origem.

Prazo de embarque - data limite para o embarque da mercadoria.

Prazo de negociação documental - data limite, contada a partir do efectivo embarque, para entrega dos documentos ao banco negociador.

ESQUEMATIZAÇÃO DO PROCESSO DE IMPORTAÇÃO – EXPORTAÇÃO

Normalmente, as empresas, devido à sua internacionalização, estão presentes nos mercados estrangeiros, quer através de representantes, quer através das suas subsidiárias. As regras de mercado exigem que, ao comprar-se um produto de proveniência estrangeira, este seja adquirido através do respectivo agente ou da empresa subsidiária existente no país do comprador.

Esta operação é esquematizada como mostra o quadro abaixo:

Legenda:

(1) - Comprador/importador.

(2) - Empresa no mercado local e representante/subsidiária do fabricante no estrangeiro.

(3) - Fabricante no estrangeiro, ou exportador de determinado produto.

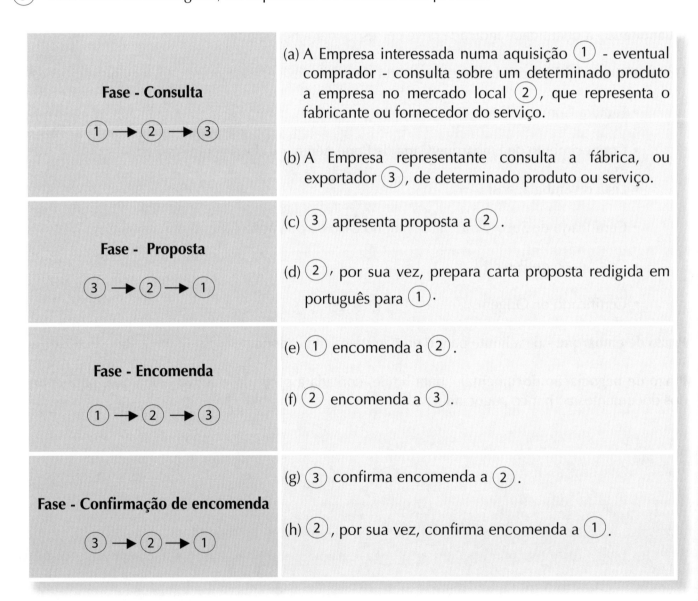

Fase - Consulta ① → ② → ③	(a) A Empresa interessada numa aquisição ① - eventual comprador - consulta sobre um determinado produto a empresa no mercado local ②, que representa o fabricante ou fornecedor do serviço. (b) A Empresa representante consulta a fábrica, ou exportador ③, de determinado produto ou serviço.
Fase - Proposta ③ → ② → ①	(c) ③ apresenta proposta a ②. (d) ②, por sua vez, prepara carta proposta redigida em português para ①.
Fase - Encomenda ① → ② → ③	(e) ① encomenda a ②. (f) ② encomenda a ③.
Fase - Confirmação de encomenda ③ → ② → ①	(g) ③ confirma encomenda a ②. (h) ②, por sua vez, confirma encomenda a ①.

CORRESPONDÊNCIA ADICIONAL AO PROCESSO DE IMPORTAÇÃO

- Consoante a forma de pagamento acordada, (1) deverá solicitar a (2) o envio de um documento que formalize o preço e condições praticados na operação (factura proforma) e (2) transmite a (3), que remete esse documento para ser entregue a (1).

- (1), na posse da factura proforma, escreve ao banco, no seu país, para proceder à abertura da carta de crédito, ou efectuar a transferência de pagamento.

- (2) deve transmitir a (1) o tipo ou modalidade de transporte, bem como a forma de pagamento do frete, se pelo importador - (1) - ou pelo exportador - (3). Este tipo de informação é sempre dado inicialmente pelo exportador. Caso fique acordado no ajuste da operação que o frete será pago pelo exportador - (3)- , o Conhecimento de Embarque/Carta de Porte Aéreo ou documento similar será emitido com o frete *prepaid*.

Se, por outro lado, for convencionado que é ao importador - (1) - que caberá a responsabilidade desse pagamento, o Conhecimento de Embarque/Carta de Porte Aéreo ou documento similar será emitido com o frete *collect*. Nestas circunstâncias, o importador terá de recorrer a um transitário na origem e ainda efectuar seguro da mercadoria durante o transporte.

- **Embarque da mercadoria** - Concretizada a operação comercial, o importador - (1) - poderá autorizar o embarque da mercadoria. Convém salientar que as mercadorias e/ou operações sujeitas a autorização prévia de importação exigirão o cumprimento antecipado desta condição.

- Após o embarque, o exportador - (3) - remeterá, de acordo com a modalidade de pagamento convencionada, os documentos que permitirão ao importador - (1) - liberar as mercadorias na alfândega, ou proceder ao seu levantamento no transitário.

  De entre esses documentos, destacam-se:

- Conhecimento de Embarque (B/L)/Carta de Porte Aéreo (AWB) ou documento similar;

- Factura Comercial;

- Certificado de Origem (quando o produto é objecto de acordos internacionais);

- Certificado Fitossanitário (quando exigido por lei).

- **Cartas ao Banco** - Consoante o pagamento acordado - (1) - solicita ao seu Banco o pagamento ao exterior.

- **Desalfandegamento** - Com a chegada da mercadoria ao país do importador, inicia-se a fase de desalfandegamento. Quando os produtos ou mercadorias são de proveniência exterior à Zona Económica Europeia, o importador recorre a um despachante para efectuar o processo de importação e posterior desalfandegamento.

CONCURSOS LIMITADOS E PÚBLICOS

Geralmente, grandes aquisições de bens ou serviços estão sujeitas a Concurso Limitado ou Público por parte das empresas, organismos públicos e estatais. As entidades estatais e organismos públicos recorrem sempre a este tipo de processo para efectuarem as suas aquisições.

OS CONCURSOS

Um **Concurso Público** é publicado através da imprensa ou de publicações apropriadas para o fim, nomeadamente no Boletim de Informações, Diário da República, etc., dando a conhecer a intenção de aquisição.

Este anúncio consta do seguinte:
- Identificação de entidade/organismo/empresa;
- Finalidade e objecto do concurso público;
- As condições e/ou local onde pode ser levantado o caderno de encargos;
- Local, data e hora limite para entrega da proposta.

O Caderno de Encargos é levantado ou adquirido conforme vem especificado no referido concurso público.

A este estilo de concurso, todos os agentes económicos que preencham os requisitos estipulados no Concurso Público podem apresentar propostas.

Num **Concurso Limitado** a entidade que lança o concurso, formula um pedido de participação, convidando, apenas, determinados agentes económicos a apresentarem uma proposta.

Neste estilo de concurso e a nível empresarial é enviada uma carta-convite a determinadas empresas convidando-as a proporem.

Para ambos os tipos de concurso (públicos ou limitados) os agentes económicos, que concorram ao respectivo concurso, terão de levantar o Caderno de Encargos, onde for designado através do concurso.

O **Caderno de Encargos** é o documento que estabelece as normas que regulamentam o fornecimento ou empreitada (parte contratual e técnica [especificações, conformidade dos equipamentos, quantidades, normas, métodos construtivos, sistemas de controlo, regras de qualidade, ensaios de entrada em serviço, etc.]).

O caderno de encargos é, geralmente, levantado ou adquirido à entidade que lança o concurso.

RESPOSTAS A CONCURSOS - ELABORAÇÃO DAS PROPOSTAS

Fase - Esclarecimentos

Nos concursos, os fornecedores, são designados por proponentes e estes, antes de apresentarem a sua proposta, têm sempre um período para esclarecimento de dúvidas na interpretação dos documentos que regem o fornecimento ou a empreitada (Caderno de Encargos).

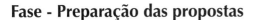

Fase - Preparação das propostas

Os concursos exigem um grande rigor na elaboração das propostas e obrigam a seguir os requisitos da consulta, tornada pública através de concurso.

A informação e os documentos necessários a serem incluídos na proposta estão, geralmente, disponibilizados no Caderno de Encargos.

Estes podem ser:

• *Cauções* (Bid-Bond e Performance Bond)

Todas as propostas deverão ser acompanhadas de cauções emitidas por um banco pelo valor definido na carta-convite, ou no concurso, de acordo com os modelos constantes no Caderno de Encargos.

Estas cauções constituem uma garantia de que o contrato será assinado com o empreiteiro nas condições descritas na sua proposta *(bid bond)* e que será executado conforme proposto *(performance bond)*.

• *Especificação Técnica*

Descrição detalhada do âmbito do fornecimento, da empreitada ou projecto de acordo com os requisitos do Caderno de Encargos.

• *Condições Comerciais*

Sob esta rubrica são descritas todas as condições de natureza comercial e financeira (Condições de Preço, Condições de Pagamento e outras Condições Comerciais e Gerais).

Fase - Apresentação das propostas

As propostas para os concursos limitados e públicos têm sempre de ser apresentadas dentro dos prazos estabelecidos pelos referidos concursos, sendo sempre apresentadas em envelope fechado e lacrado, bem como toda a documentação anexa à proposta.

Nos concursos limitados e públicos, todas as propostas que dêem entrada fora dos prazos estabelecidos no Caderno de Encargos são rejeitadas. Os prazos estabelecem, geralmente, data e hora limite para apresentação das propostas.

Fase - Abertura das propostas

A abertura das propostas pode ser feita em acto privado (para concursos limitados) ou acto público (para concursos públicos), a que os proponentes, geralmente, assistem e verificam se existe alguma irregularidade.

Na abertura das propostas há uma comissão que avalia se estas preenchem todos os requisitos e se estão em conformidade com o Caderno de Encargos.

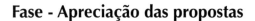

Fase - Apreciação das propostas

As propostas são avaliadas por uma comissão nomeada pela entidade que lança o concurso. Durante o período em que as propostas estão a ser apreciadas não deve haver qualquer contacto com a entidade que lança o concurso, pois pode conduzir à rejeição da proposta.

Durante o período de apreciação, a comissão de avaliação pode solicitar esclarecimentos aos proponentes relativamente a aspectos técnicos das suas propostas. De uma forma geral, os esclarecimentos têm de ser prestados dentro de um prazo estabelecido pela comissão, que pode ir de 24 horas a 48 horas, ou mais, conforme a complexidade do assunto.

Os resultados dos Concursos Limitados são comunicados aos proponentes e os dos Concursos Públicos são publicados na imprensa.

Fase - Notificação ao proponente vencedor e assinatura do contrato

O proponente que ganha o concurso é notificado por escrito e poderá ter de apresentar documentação adicional, como por exemplo: Garantia de Execução *(Performance Bond)*.

Quando o contrato é assinado com o vencedor do concurso, as cauções apresentadas pelos outros proponentes juntamente com as suas propostas são liberadas.

EXEMPLO DE ELABORAÇÃO DE UMA PROPOSTA

QUAT VEL, S. A.

Tratado por: Data: Ref.:

Empresa
Endereço
Código Postal

Exmos. Senhores,

Assunto *(Omitir a palavra «assunto» indicando, apenas, o título do que se propõe a negrito)*

(1) – Introdução. Parágrafo introdutório referindo a consulta.

- Acusamos a recepção da vossa consulta em referência, que agradecemos, e de acordo com o solicitado temos o prazer de propor o seguinte:

- Na sequência da vossa consulta por telefone em ..., que agradecemos, e de acordo com o vosso pedido temos o prazer de apresentar os nossos melhores preços e condições comerciais conforme segue.

- Relativamente à vossa consulta por fax/e-mail de ..., que agradecemos, e em conformidade com a mesma, apresentamos a nossa melhor proposta.

- Acusamos a recepção da vossa consulta efectuada ao nosso colaborador, Senhor ..., que agradecemos, e de acordo com o solicitado temos o prazer de propor o seguinte:

- Na sequência da vossa carta-convite para o projecto em título, datada de ..., temos o prazer de propor o seguinte:

- Na sequência da vossa consulta através do Concurso em título, temos o prazer de propor conforme segue:

(2) – Especificação do que se está a propor. Iniciar esta parte da proposta com um título e subtítulos (se necessário).

Capital social 150 000 € • NIPC 000 000 000 • Matrícula Conservatória Registo Comercial nº 000
Morada • Telefone • Fax • E-mail

1 - ESPECIFICAÇÃO TÉCNICA/ÂMBITO DO FORNECIMENTO

Elaborar a especificação técnica do bem a ser comercializado ou descrição do serviço a ser prestado, que devem ser exaustivas.

Sob esta rubrica indica-se o preço do fornecimento sem IVA.

Se determinados itens não estiverem incluídos no fornecimento, deve-se criar um subtítulo «Exclusões» e sob este deve vir claramente indicado o que não está contemplado no fornecimento.

(3) – A seguir à especificação técnica ou descrição do âmbito de fornecimento, apresentam-se as condições comerciais e gerais.

Iniciar o conjunto de condições comerciais com um título e subdividi-lo em subtítulos, conforme se exemplifica.

2 - CONDIÇÕES COMERCIAIS

2.1 - Preços

- Os preços apresentados são firmes durante o prazo de validade da presente proposta.

- Os preços indicados são apresentados em Euros e são firmes na origem durante o prazo de validade da presente proposta.

- Os preços referem-se a uma entrega livre nas nossas instalações em …

- Os preços do equipamento importado foram calculados com base na taxa de câmbio de … *(se o bem é de proveniência externa à União Europeia do Euro [UEE])*, direitos de importação e demais impostos aplicáveis à data da proposta *(se de proveniência externa à UE)* e serão ajustados de acordo com a variação da taxa de câmbio, direitos de importação e outros impostos que por imposição legal se possam verificar à data do último pagamento *(se de proveniência externa à UE)*.

- Os preços são apresentados em Euros, são firmes durante o prazo de validade da presente proposta, incluem embalagem e são válidos para uma entrega livre nas instalações da fábrica em … (ex-works) / livre nas vossas instalações em …/FOB Helsínquia/CIF Lisboa, etc. *(hipóteses a aplicar consoante o que for proposto)*.

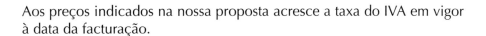

Aos preços indicados na nossa proposta acresce a taxa do IVA em vigor à data da facturação.

2.2 - Condições de Pagamento

• Propomos as seguintes condições de pagamento:

- 30% com a encomenda;
- 70% contra factura;

ou outras a combinar entre as partes.

• Propomos as seguintes condições de pagamento:

100% por carta de crédito irrevogável, aberta e confirmada no banco ..., a favor da nossa associada/representada ... e negociável contra a apresentação dos documentos de embarque.

A carta de crédito deverá ser aberta no máximo ... meses após a encomenda e ser válida, no mínimo, até ... meses após a entrega.

• Propomos as seguintes condições de pagamento:

(1) - 100% com a factura,
(2) - 100% contra entrega dos equipamentos,
(3) - 100% contra documentos de embarque através de um banco,

ou outras a combinar entre as partes.

2.3 - Prazo de Entrega

• Imediato nas nossas instalações em ..., salvo venda.

• O prazo de entrega é de ... dias úteis*/... semanas, sujeito a confirmação após recepção de uma encomenda completamente definida sob o ponto de vista comercial e técnico.

• O prazo de entrega é de ... dias de calendário/dias úteis*/semanas, na fábrica, sujeito a confirmação após a recepção de uma encomenda completamente definida sob os pontos de vista comercial e técnico.

Indicar sempre se são dias úteis ou dias de calendário. A indefinição é adversa ao fornecedor.

- O nosso prazo de entrega não inclui o mês de ..., em virtude de a fábrica se encontrar encerrada por motivo de férias.

2.4 – Validade

Esta proposta é válida até ...

 NOTA

Indicar sempre uma data específica, por exemplo: «21 de Junho de 2007» e não escrever «Esta proposta é válida por 30 dias.». Se optar por «Esta proposta é válida por 30 dias», então convém adicionar mais informação, escrevendo: «Esta proposta é válida por 30 dias de calendário a partir da data desta carta.».

2.5 - Cedência de Pessoal

- As condições de cedência de pessoal de nosso fornecimento, constam do Anexo ...

- As condições de cedência de pessoal de fornecimento da nossa associada/representada ... constam do Anexo ...

3. CONDIÇÕES GERAIS

- No restante, esta proposta está sujeita às Condições Gerais de Venda da *(nome da empresa que propõe)*, em anexo.

- No restante, esta proposta está sujeita às «General Conditions for the Supply of Plant and Machinery for Export» nº 188 da UNECE e Addendum (*) da *(nome da empresa associada/representada)*, que se anexam.

(*) Mero exemplo. Existem inúmeras Condições de Fornecimento elaboradas por Organismos Internacionais, que são adquiridas a estes.

As condições acima referidas prevalecerão sobre quaisquer outras, salvo acordo escrito em contrário e na falta de disposição especial aplica-se o regime geral.

(4) – Parágrafo de encerramento da proposta

Esperamos ter satisfeito o pretendido por V. Exas. e ficamos à vossa inteira disposição para prestar quaisquer esclarecimentos, ou propor alternativas que entendam necessárias.

Com os nossos melhores cumprimentos, subscrevemo-nos,

Atentamente,
(Nome da Empresa que envia a carta)
(Departamento que propõe)

(Assinatura do responsável)

Anexos: Condições Gerais de Venda
             Condições de Cedência de Pessoal
             Ou outros documentos, se aplicável.

ANEXO ...

CONDIÇÕES DE CEDÊNCIA DE PESSOAL

Os ensaios de entrada em serviço, treino de operadores/utilizadores ou supervisão-geral poderão ser acompanhados por pessoal técnico de nosso fornecimento.

Os custos de cedência de pessoal serão os válidos à data da prestação dos serviços.

Os preços em vigor durante o ano de ... são os seguintes:

ENGENHEIRO

Horas normais
- 8 horas por dia .... Euros 000,00/dia

Horas extra
- Primeira hora extra .... Euros 00,00/hora
- Segunda hora e seguintes .... Euros 00,00/hora
- Entre as 20h00 e as 07h00 .... Euros 00,00/hora

Sábado
- 4 primeiras horas .... Euros 00,00/hora
- Restantes .... Euros 00,00/hora
- Entre as 20h00 e 7h00 horas .... Euros 000,00/hora

Domingo e Feriados
- Das 7h00 às 20h00 .... Euros 00,00/hora
- Entre as 20h00 e 7h00 .... Euros 000,00/hora

Nota: O trabalho extraordinário terá de ser acordado entre as partes.

Tempo de viagem
O tempo de viagem é debitado ao preço das horas normais de trabalho.

Preparação do trabalho
1 dia normal de trabalho .... Euros 000,00

Fora da área de ... (exemplo: «grande Lisboa») estes valores deverão ser acrescidos das despesas inerentes a deslocações, estadia e alojamento, que serão debitadas às taxas praticadas na altura da prestação do serviço.

FRASES PARA ELABORAÇÃO DE PROPOSTAS

A resposta de um fornecedor a uma consulta feita por um eventual comprador, com quem mantém relações comerciais frequentes, apenas requer uma linguagem delicada e directa, prestando a informação solicitada.

Assim, este tipo de cartas poderá iniciar-se conforme segue:

Linhas de abertura da carta

- Agradecemos a vossa consulta datada de 3 de Abril de 2007 ...

- Agradecemos a vossa consulta em epígrafe/em título ...

- Na vossa carta datada de 13 de Maio, V. Exas. solicitam-nos uma proposta para ...

- Agradecemos a vossa carta de ...

- Conforme solicitado através do vosso telefonema de hoje, ...

- Em resposta à vossa consulta efectuada esta manhã por fax/e-mail ...

- Em resposta à vossa consulta de 25 de Junho passado ...

  - ... temos o prazer de informar que ...
  - ... temos o prazer de confirmar ...
  - ... informamos que temos em stock os artigos de que necessitam e ...
  - ... podemos fornecer-vos imediatamente de stock ...

- Agradecemos a vossa consulta e informamos que os nossos representantes/agentes em ... detêm stocks de todos os nossos produtos.

- Relativamente à vossa consulta datada de ...

- Em resposta à vossa consulta de 8 de Agosto, temos o prazer de anexar/de vos enviar ...

  - ... a brochura solicitada.
  - ... características detalhadas dos nossos produtos.
  - ... detalhes dos nossos modelos para exportação.

- Agradecemos a vossa consulta datada de ... e enviámos hoje por correio ...

  - ... amostras de todos os nossos produtos.
  - ... uma gama completa de amostras.

- Temos o prazer de ...

  - ... propor conforme segue, para ...
  - ... submeter a nossa proposta conforme segue ...
  - ... apresentar os nossos preços para os seguintes artigos ...
  - ... apresentar a nossa estimativa para o fornecimento de ...
  - ... enviar o nosso catálogo mais recente ...

Preços

- Os nossos preços referem-se a uma entrega ...

    - ... FOB Lisboa.
    - ... CIF Liverpool.

- Os nossos preços incluem embalagem e transporte.

- Frete e embalagem estão incluídos no nosso preço.

- O preço apresentado inclui embalagem e acondicionamento específico para exportação.

- Todos os nossos preços são livres nas nossas instalações em ...

- Os nossos preços estão sujeitos a um desconto de 2% a pronto pagamento.

- Os nossos preços estão sujeitos a alterações sem aviso prévio, de acordo com as flutuações do mercado.

- Os preços apresentados são líquidos.

- O preço da matéria-prima aumentou recentemente, pelo que os nossos produtos sofreram um aumento de ...%.

- Devido a uma quebra nos preços de bens de consumo, podemos fornecer-vos para os artigos ...

    - ... um preço inferior ao praticado no mercado.
    - ... um preço muito especial de ...
    - ... um preço em condições muito favoráveis.

Condições de pagamento

- As nossas condições de pagamento são: pagamento contra entrega/pagamento contra factura/ pagamento a 7 dias da data da factura/pagamento com a encomenda.

- As nossas condições de pagamento são a 30 dias da data da factura, ou outras a combinar entre as partes.

- As nossas condições prevêem pagamentos a serem efectuados mensalmente/ trimestralmente.

- Como condições de pagamento, propomos que o pagamento seja efectuado por transferência bancária/carta de crédito irrevogável/letra de câmbio.

Descontos

- Para encomendas superiores a ... poderemos conceder um desconto comercial de ...%

- Os artigos constantes do nosso catálogo 2007 têm um desconto de ...%, salvo venda.

- Esta nossa proposta não está sujeita aos nossos descontos habituais, que são de 5% a pronto pagamento.

Condições e determinações

- Esta proposta é firme pelo prazo de 20 dias úteis, a partir da data desta carta.

- Esta proposta fica sem efeito, caso não seja aceite no prazo de 7 dias, a contar da data desta carta.

- A fim de V. Exas. poderem beneficiar do preço apresentado, a vossa encomenda deverá dar entrada na nossa empresa até ao próximo dia 30 de Junho, caso contrário este preço não será válido a partir dessa data.

- Os artigos encomendados a partir do nosso catálogo antigo, só podem ser fornecidos até existirem em stock.

- Esta nossa proposta é uma oferta especial e não se repetirá.

- As nossas condições comerciais de venda, conforme impresso em anexo, devem ser estritamente seguidas.

Fornecimento *versus* procura

- Dada a grande procura para esta gama de produtos, aconselhamos V. Exas. a efectuarem a vossa encomenda rapidamente.

- A procura excepcional nesta estação esgotou praticamente os nossos stocks, pelo que ...

- Este artigo está a ter uma grande procura, encontrando-se praticamente esgotado ...

- Devido ao aumento de procura deste tipo de artigo, dispomos de um stock reduzido.

- Não nos será possível efectuar fornecimentos adicionais.

- Teremos todo o prazer em vos fornecer à consignação.

- Como dispomos de um bom stock para este tipo de equipamento, poderemos expedi-lo dentro de 24 horas.

- O modelo que solicitam já não se fabrica, mas poderemos fornecer em sua substituição ...

- Podemos fornecer de stock uma larga gama/selecção de tamanhos e tipos.

- Estes artigos existem em stock, sendo a sua entrega imediata.

- Aconselhamos V. Exas. a abastecerem os vossos stocks, pois a procura tem excedido as nossas expectativas e ...

- Não podemos prometer uma entrega antes do dia 1 de Fevereiro, a não ser que a vossa encomenda nos chegue no prazo de 7 dias úteis.

- Nos mercados internacionais, os fornecimentos para estes artigos têm superado a procura.

Solicitando instruções

- Agradecemos que nos comuniquem logo que possível a vossa decisão.

- Agradecemos que nos comuniquem as vossas instruções por e-mail.

- Por favor enviem-nos a vossa encomenda por fax/e-mail.

- Ficamos a aguardar as vossas instruções na volta do correio.

- Agradecíamos a vossa resposta na volta do correio.

- No caso de aceitarem a nossa proposta, por favor comuniquem-nos por fax a vossa intenção de encomenda.

- Por favor informem-nos até à próxima sexta-feira/impreterivelmente até ...

- Por favor indiquem na vossa encomenda o número de catálogo e referências pretendidas.

- Caso recebamos as vossas instruções o mais tardar até às 14h00 do dia ..., poderemos expedir a vossa encomenda no navio ..., que sai a 23 de Agosto.

- O vosso anúncio sairá na edição do próximo domingo de ..., desde que nos forneçam o texto até às 17h00 de quinta-feira.

Frases finais

- Esperamos ter respondido completamente à vossa consulta. Caso contrário, por favor não hesitem em contactar-nos, pois teremos o maior prazer em dar-vos uma pronta resposta.

- Esperamos ter a oportunidade em demonstrar-vos a nossa eficiência.

- O catálogo em anexo ilustrará as características essenciais dos nossos produtos, mas poderá não responder totalmente às vossas questões. Portanto, será com o maior prazer que prestaremos toda a informação adicional que entenderem ser necessária.

- Poderão estar certos de que daremos atenção imediata aos vossos requisitos.

- Temos a certeza de que estes artigos irão ao encontro dos vossos requisitos, e, entretanto, ficamos a aguardar a vossa primeira encomenda.

- Caso considerem que a nossa proposta vai ao encontro das vossas expectativas, agradecemos que nos enviem a vossa encomenda o mais rapidamente possível, pois os nossos stocks são limitados.

- Como as nossas encomendas são criteriosamente processadas segundo as entradas, aconselhamos V. Exas. a encomendarem o mais rapidamente possível.

- Os nossos serviços estão ao vosso dispor.

- A nossa experiência está ao vosso dispor e esperamos em breve poder comprovar este facto.

EXEMPLOS DE CARTAS
[1]

QUAT VEL, S. A.

Lisboa, 2007-05-25

Nibh Euismod
Hend Rerit In Vulputate Velit
4567-123 Adipiscing Elit

Exmos. Senhores,

Relativamente à vossa consulta de 13 de Maio, confirmamos que vos podemos fornecer o artigo em questão a 40 €/metro, ao qual acresce a taxa do IVA em vigor à data da facturação.

A entrega pode ser imediata se recebermos a vossa encomenda dentro de 24 horas.

Agradecendo a vossa consulta, ficamos a aguardar a vossa encomenda o mais brevemente possível e apresentamos os nossos melhores cumprimentos.

Atentamente,
Quat Vel, S.A.
Departamento Comercial

Pedro Silva
Pedro Silva

Capital social 150 000 € • NIPC 000 000 000 • Matrícula Conservatória Registo Comercial nº 000
Morada • Telefone • Fax • E-mail

[2]

QUAT VEL, S. A.

Lisboa, 2007-04-13

Nibh Euismod
Hend Rerit In Vulputate Velit
4567-123 Adipiscing Elit

Exmos. Senhores,

Agradecemos a vossa consulta datada de 18 de Abril relativa a ...

Informamos que vos poderemos fornecer qualquer quantidade de ..., com a Ref. 2345/89, visto dispormos de um vasto stock.

No caso de nos confirmarem a vossa intenção de compra, asseguramo-vos que daremos atenção imediata à vossa encomenda e que a expedição da mercadoria será imediata.

Na expectativa das vossas notícias, subscrevemo-nos com os nossos melhores cumprimentos,

Atentamente,
Quat Vel, S.A.
Departamento Comercial

Pedro Silva
Pedro Silva

Capital social 150 000 € • NIPC 000 000 000 • Matrícula Conservatória Registo Comercial nº 000
Morada • Telefone • Fax • E-mail

[3]

QUAT VEL, S. A.

Lisboa, 2007-02-05

Nibh Euismod
Hend Rerit In Vulputate Velit
4567-123 Adipiscing Elit

Exmos. Senhores,

Acusamos a recepção da vossa consulta de 30 de Janeiro, que agradecemos, sobre ... e temos o prazer de informar conforme segue.

Uma vasta gama de amostras foi hoje enviada por correio, a fim de poderem constatar a elevada qualidade dos nossos artigos, que é na realidade um valor acrescentado. Gostaríamos, ainda, de salientar que estes artigos têm uma grande saída nos mercados ocidentais, onde detemos uma larga experiência.

Durante o corrente mês, poderemos enviar a V. Exas. qualquer dos artigos que pretendam adquirir, de acordo com a nossa lista de preços. Contudo, não podemos prometer nada de definitivo para além deste período, dada a grande procura que temos deste tipo de artigo e uma vez esgotados os nossos stocks os preços serão actualizados, devido ao recente aumento das matérias-primas.

Em caso de encomenda para mais de 500 unidades, concederemos um desconto especial de 5% com pagamento a 30 dias da data da factura.

Na expectativa das vossas notícias, subscrevemo-nos com os nossos melhores cumprimentos.

Atentamente,
Quat Vel, S.A.
Departamento Comercial

Pedro Silva
Pedro Silva

Capital social 150 000 € • NIPC 000 000 000 • Matrícula Conservatória Registo Comercial nº 000
Morada • Telefone • Fax • E-mail

[4]

QUAT VEL, S. A.

Lisboa, 2007-01-05

Nibh Euismod
Hend Rerit In Vulputate Velit
4567-123 Adipiscing Elit

Exmos. Senhores,

Agradecemos a vossa carta datada de 21 de Dezembro, comunicando-nos que têm recebido consultas para os nossos artigos «...».

O artigo «...» que referem, tem tido um grande sucesso em todos os mercados onde tem sido lançado, e já estamos a exportar para diversos países. Contrariamente a outros produtos similares, o «...» dispõe de grande robustez e durabilidade, tornando-o aconselhável para climas como o vosso.

Assim, temos o prazer de propor o seguinte:

* Preços em Euros

Unidades – Descrição	Preço unitário *	Preço total *
150 - ...	00.00	00.00
350 - ...	00.00	00.00
500 - ...	00.00	00.00
750 - ...	00.00	00.00

FOB Lisboa	00.00
Frete Lisboa - Maputo	00.00
Seguro	00.00
Preço total:	00.00

Poderemos efectuar uma entrega no prazo de 2/3 semanas após recepção de uma encomenda.

Seguem em anexo as nossas condições comerciais, bem como catálogos sobre os nossos artigos.

Na expectativa das vossas notícias, apresentamos os nossos melhores cumprimentos,

Atentamente,
Quat Vel, S.A.
Departamento Comercial

Pedro Silva
Pedro Silva

Capital social 150 000 € • NIPC 000 000 000 • Matrícula Conservatória Registo Comercial nº 000
Morada • Telefone • Fax • E-mail

[5]

QUAT VEL, S. A.

Lisboa, 2007-02-26

Nibh Euismod
Hend Rerit In Vulputate Velit
4567-123 Adipiscing Elit

Exmos. Senhores,

Acusamos a recepção da vossa consulta, datada de 20 do corrente, e junto enviamos a lista de preços solicitada, bem como as nossas condições comerciais de venda.

Como certamente é do vosso conhecimento, os utensílios de cozinha em plástico vieram para ficar e têm vindo a tomar o lugar dos utensílios dispendiosos em metal, vidro e faiança da cozinha moderna.

Todos os nossos clientes que expuseram nas suas montras os nossos utensílios de cores vivas, informaram-nos terem tido um bom volume de negócios durante a presente estação, quando as vendas destes artigos se encontram no seu ponto mais baixo.

Depois de analisarem os nossos preços e condições comerciais, certamente verificarão que a nossa empresa está orientada para dar resposta à grande procura destes artigos.

Caso estejam verdadeiramente interessados em disporem de um stock destas linhas tão atractivas, aconselhamos V. Exas. a efectuarem a vossa encomenda até ao final do corrente mês.

Na expectativa das vossas notícias, apresentamos os nossos melhores cumprimentos e subscrevemo-nos,

Atentamente,
Quat Vel, S.A.
Departamento Comercial

Pedro Silva
Pedro Silva

Capital social 150 000 € • NIPC 000 000 000 • Matrícula Conservatória Registo Comercial nº 000
Morada • Telefone • Fax • E-mail

QUAT VEL, S. A.

Lisboa, 2007-07-30

Nibh Euismod
Hend Rerit In Vulputate Velit
4567-123 Adipiscing Elit

Exmos. Senhores,

Acusamos a recepção da vossa carta datada de 25 de Julho passado, que agradecemos, solicitando-nos um desconto de 2,5% sobre as nossas habituais condições comerciais, dada a quantidade pretendida por V. Exas. ser bastante elevada.

Relativamente à vossa encomenda, gostaríamos de referir que os nossos preços já se encontram reduzidos ao máximo e estamos certos de que os nossos artigos não poderão ser adquiridos à concorrência a preços inferiores aos praticados pela nossa empresa.

Contudo, gostaríamos de salientar que teremos o maior prazer em vos conceder o desconto solicitado de 2,5%, caso V. Exas. elevem a vossa encomenda para 50 000 unidades.

Ficamos a aguardar a vossa confirmação, a fim de darmos andamento à vossa encomenda e apresentamos, entretanto, os nossos melhores cumprimentos.

Atentamente,
Quat Vel, S.A.
Departamento Comercial

Pedro Silva
Pedro Silva

Capital social 150 000 € • NIPC 000 000 000 • Matrícula Conservatória Registo Comercial nº 000
Morada • Telefone • Fax • E-mail

RECUSANDO UMA PROPOSTA

- Agradecemos a vossa proposta com data de ... e, caso surja outra oportunidade para uma aquisição de equipamento com as características do vosso, teremos presente a vossa Empresa.

- Agradecemos a vossa proposta para o fornecimento de ..., mas lamentamos informar que, presentemente, já colocámos uma encomenda à concorrência.

- Agradecemos a vossa resposta à nossa carta de ... e informamos que teremos presente o vosso catálogo para futura consulta, mas consideramos que os vossos produtos têm um preço demasiado elevado para o nosso mercado.

- Agradecemos a vossa proposta datada de ... e, se bem que os vossos preços sejam atractivos, consideramos que o nosso mercado não comporta um artigo desta qualidade.

ENCOMENDAS E PROCESSAMENTO DE ENCOMENDAS

Após a adjudicação da proposta inicia-se o contrato de compra e venda, que terá as seguintes fases:

- **Encomenda -** a encomenda pode ser feita através de carta, fax, nota de encomenda ou requisição, de acordo com os procedimentos internos da empresa e natureza do que está a ser encomendado. Não se aconselha enviar um e-mail a colocar uma encomenda, pois esta deve seguir com uma assinatura.

- **Confirmação de encomenda** - efectuada pela empresa fornecedora através de carta, fax ou impresso próprio.

- **Entrega.**

- **Facturação.**

- **Liquidação.**

Frases iniciais

- Junto enviamos a nossa encomenda nº ...

- Temos o prazer de anexar a nossa encomenda para ...

- Agradecemos que nos forneçam o seguinte: ... de acordo com a vossa proposta datada de ...

- Agradecemos a vossa proposta de 1 de Julho, que aceitamos, e temos o prazer de colocar a nossa encomenda conforme segue: ...

- Agradecemos a vossa proposta relativa ao fornecimento de artigos para ... e solicitamos que nos enviem imediatamente os artigos conforme nossa Nota de Encomenda, em anexo.

- Agradecemos o favor de nos enviarem através do vosso agente/representante ... os seguintes artigos ...

- Agradecemos o favor de providenciarem o envio de ...

- Agradecemos o envio das amostras de ... e agradecíamos que nos remetessem ...

- Junto enviamos uma encomenda à experiência. Caso a qualidade vá de encontro às nossas expectativas, remeter-vos-emos novas encomendas a curto prazo.

Artigos alternativos

- Como não existe mercado para o vosso artigo com a Ref. ..., agradecemos o favor de nos enviarem unicamente artigos de gamas mais económicas, conforme segue: ...

- A quantidade mínima requerida é de 5 toneladas, mas aceitaremos um fornecimento até 8 toneladas se a matéria-prima for de primeira qualidade.

- Se o padrão com a Ref. 63AA não estiver disponível, agradecemos que nos enviem em alternativa, Ref. 64AA, 65AA ou a 66BB.

- Por favor, forneçam o artigo mais próximo à amostra em anexo.

- Caso a gama em causa já se tenha esgotado, por favor enviem-nos a que tiverem com características mais semelhantes em stock.

- Caso disponham de um artigo semelhante mas com maior qualidade, por favor procedam ao seu envio, conforme Nota de Encomenda em anexo. No entanto, salientamos que o seu preço não pode ser superior a 2,5% do valor apresentado na vossa proposta de ...

- Estamos preparados para pagar até um preço de 10,15€ por unidade, caso o artigo seja de primeira qualidade. Se eventualmente não vos for possível fornecer ao preço indicado, agradecemos que nos enviem detalhes e características de outras marcas.

Cancelamento de fornecimento/aviso de cancelamento

- Por favor, retirem da nossa encomenda os artigos que não podem fornecer de stock/não podem expedir dentro de 15 dias de calendário/não podem fornecer de acordo com a amostra.

- Devemos salientar que as nossas condições devem ser criteriosamente seguidas. Caso tal não vos seja possível, ver-nos-emos forçados a cancelar a nossa encomenda.

- Por favor, forneçam os artigos encomendados, desde que estes tenham uma entrega imediata. Todos os outros deverão ser cancelados. Agradecemos confirmação imediata.

- Como V. Exas. não entregaram a encomenda no prazo estabelecido, vemo-nos forçados a cancelar a nossa encomenda Ref. ...

- Em virtude da prorrogação do prazo de entrega apresentado por V. Exas., lamentamos profundamente ter de cancelar a nossa encomenda nº ..., mas as condições do mercado não nos deixam outra alternativa.

Preços e descontos

- Aceitamos o vosso preço, mas gostaríamos de saber se V. Exas. nos poderão conceder um desconto de 2,5% adicional para uma quantidade superior a ...

- Agradecemos o favor de nos informarem qual o desconto especial que podem conceder para encomendas superiores a 5000€.

- Junto enviamos a nossa encomenda, mas devemos salientar que o decréscimo da procura só nos permite uma margem de lucro reduzida. Assim, e para podermos continuar a adquirir à vossa Empresa, agradecemos que nos concedam um preço mais atraente para futuros fornecimentos.

- Como vimos mantendo encomendas regulares com a vossa Empresa há mais de dois anos, agradecíamos que nos concedessem pagamentos trimestrais.

- Como nos propomos efectuar uma série consecutiva de 12 anúncios, gostaríamos que nos informassem qual o desconto que nos podem conceder.

Frases finais

- Agradecemos a vossa melhor atenção para a nossa encomenda.

- Por favor tenham em consideração que a entrega deverá ser impreterivelmente feita até 5 de Abril.

- Se esta encomenda for executada em boas condições, propomo-nos continuar a ser vossos clientes.

- Iremos dar a nossa melhor atenção a estes artigos e, se a sua comercialização se vier a desenvolver dentro das nossas expectativas, faremos da vossa marca uma das nossas linhas *standard*. Por favor indiquem-nos a data prevista para o envio dos artigos.

CARTAS PARA FORNECEDORES

[1] Encomenda de artigos:

QUAT VEL, S. A.

Lisboa, 2007-02-26

Nibh Euismod
Hend Rerit In Vulputate Velit
4567-123 Adipiscing Elit

Exmos. Senhores,

Tivemos agora a oportunidade de testar a amostra de ..., deixada recentemente pelo vosso representante. Esta demonstrou dar crédito às vossas afirmações e, portanto, colocamos a seguinte encomenda à experiência:

- 20 Caixas de 50   Ref. Y20   Preço unitário: ... €
- 10 Caixas de 50   Ref. X20   ... €
- 30 Caixas de 50   Ref. F27   ... €
- 15 Caixas de 50   Ref. F28   ... €

Como certamente V. Exas. compreendem, a vossa marca não é suficientemente conhecida no nosso mercado e, portanto, esperamos que alarguem a vossa publicidade a nível nacional, de acordo com as informações prestadas pelo vosso representante.

A nossa encomenda está sujeita à aceitação das nossas condições habituais de pagamento, que são a 30 dias da data da factura.

Com os nossos melhores cumprimentos, subscrevemo-nos.

Atentamente,
Quat Vel, S.A.
Departamento de Compras

Ana Marques
Ana Marques

Capital social 150 000 € • NIPC 000 000 000 • Matrícula Conservatória Registo Comercial nº 000
Morada • Telefone • Fax • E-mail

[2] Fabricante confirma encomenda e garante entrega:

QUAT VEL, S. A.

Lisboa, 2007-03-07

Nibh Euismod
Hend Rerit In Vulputate Velit
4567-123 Adipiscing Elit

Exmos. Senhores,

Agradecemos a vossa encomenda de 2 de Março para:

...
...
...

Todos estes artigos encontram-se em stock e podemos garantir uma entrega no vosso armazém em Lisboa, antes de 15 de Março. Conforme solicitado, informar-vos-emos sobre a data de expedição.

Colocando-nos à vossa disposição, apresentamos os nossos melhores cumprimentos e subscrevemo-nos,

Atentamente,
Quat Vel, S.A.
Departamento Comercial

João Lopes
João Lopes

Capital social 150 000 € • NIPC 000 000 000 • Matrícula Conservatória Registo Comercial nº 000
Morada • Telefone • Fax • E-mail

[3] Fabricante acusa a recepção de encomenda e confirma prioridade:

QUAT VEL, S. A.

Lisboa, 2007-02-26

Nibh Euismod
Hend Rerit In Vulputate Velit
4567-123 Adipiscing Elit

Exmos. Senhores,

Agradecemos a vossa encomenda para o equipamento a seguir indicado a ser fornecido segundo a vossa especificação:

- ...

Tal como referimos na nossa carta anterior, o prazo de entrega para este tipo de equipamento, fabricado segundo especificação do cliente, é superior a três meses. No entanto, estamos a dar a nossa melhor atenção à vossa encomenda e podemos antecipar que o referido equipamento estará pronto a partir de 11 de Abril de 2007.

Entretanto, ficamos à vossa inteira disposição e apresentamos os nossos melhores cumprimentos.

Atentamente,
Quat Vel, S.A.
Departamento Comercial

João Lopes
João Lopes

Capital social 150 000 € • NIPC 000 000 000 • Matrícula Conservatória Registo Comercial nº 000
Morada • Telefone • Fax • E-mail

[4] Outras confirmações de encomendas:

QUAT VEL, S. A.

Lisboa, 2007-02-26

Nibh Euismod
Hend Rerit In Vulputate Velit
4567-123 Adipiscing Elit

Exmos. Senhores,

Agradecemos o vosso especial interesse na nossa proposta e consequente ordem de compra para ...

Assim, temos o prazer de vos informar que a vossa encomenda será despachada nesta data através da empresa de transportes ...

Com os nossos melhores cumprimentos, subscrevemo-nos,

Atentamente,
Quat Vel, S.A.
Departamento Comercial

João Lopes
João Lopes

Capital social 150 000 € • NIPC 000 000 000 • Matrícula Conservatória Registo Comercial nº 000
Morada • Telefone • Fax • E-mail

[5]

QUAT VEL, S. A.

Lisboa, 2007-02-26

Nibh Euismod
Hend Rerit In Vulputate Velit
4567-123 Adipiscing Elit

Exmos. Senhores,

Vossa Encomenda Ref. 1234/05

Agradecemos a vossa encomenda em epígrafe para:

2 Máquinas de impressão consoante o catálogo No. 79/B.

Estes equipamentos serão enviados assim que recebamos a importância de Euros ...,
conforme factura proforma em anexo.

Com os nossos melhores cumprimentos, subscrevemo-nos,

Atentamente,
Quat Vel, S.A.
Departamento Comercial

João Lopes
João Lopes

Anexo: Factura proforma

Capital social 150 000 € • NIPC 000 000 000 • Matrícula Conservatória Registo Comercial nº 000
Morada • Telefone • Fax • E-mail

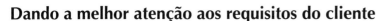

Dando a melhor atenção aos requisitos do cliente

- A vossa encomenda está a receber atenção imediata e podemos assegurar-vos que efectuaremos a entrega ao transitário que nos indicam, antes da data limite.

- Tomámos devida nota sobre as vossas instruções relativamente ao acondicionamento da mercadoria segundo as normas europeias em vigor e confirmamos que estas serão estritamente seguidas.

- Instruções especiais foram transmitidas ao nosso Departamento de Logística para enviar as vossas encomendas, respectivamente, a 2 de Maio, 15 de Junho e 30 de Julho. Podem V. Exas. estar certos de que as vossas pretensões são tomadas em linha de conta.

- Confirmamos que os artigos devem ser levantados nas nossas instalações pelo vosso transitário e consequentemente informaremos Autem Vel – Transitários, quando a encomenda estiver pronta para ser expedida.

- Não pudemos garantir a entrega através da nossa expedição semanal, pois a vossa encomenda deu entrada na nossa empresa demasiado tarde. No entanto, tomámos a liberdade de despachar a vossa encomenda por comboio e esta chegará às vossas mãos mais cedo, em vez de ficar à espera da próxima saída.

Processamento de encomendas

- Os artigos estão praticamente prontos para entrega, pelo que agradecemos que nos transmitam urgentemente as vossas instruções.

- Como ainda não recebemos as vossas instruções de envio, a vossa encomenda continuará a aguardar que estas nos sejam transmitidas.

- Em virtude de V. Exas. não nos terem transmitido instruções especiais de envio, vamos remeter a vossa encomenda através do nosso transitário, dentro das condições que habitualmente praticamos e que são as seguintes …

- Dado V. Exas. necessitarem da mercadoria com urgência, diligenciámos transporte rodoviário até ao porto de embarque. Assim, a encomenda seguirá no navio ..., com saída prevista para o próximo dia 2 de Julho.

- A fim de se evitarem encargos de armazenamento no porto de embarque, a mercadoria continua nas nossas instalações até nos chegarem as vossas instruções de expedição.

Mencionando forma de pagamento

- Por favor indiquem-nos quais as vossas diligências relativamente à forma de pagamento. Efectuaremos a expedição logo que recebamos uma resposta.

- Como não tivemos o prazer de efectuar até aqui qualquer negócio com a vossa Empresa, junto enviamos factura proforma e agradecemos o favor de diligenciarem no sentido de o pagamento ser feito por carta de crédito irrevogável a nosso favor através do banco ...

[6] Aviso de que os artigos estão prontos para serem enviados:

QUAT VEL, S. A.

Lisboa, 2007-02-26

Nibh Euismod
Hend Rerit In Vulputate Velit
4567-123 Adipiscing Elit

Exmos. Senhores,

Vossa Encomenda Ref. 789/123

Relativamente à vossa encomenda em título, e de acordo com as vossas instruções, confirmamos que a mesma está completamente processada e aguarda levantamento nas nossas instalações. Esta expedição consiste em 5 grades de madeira, com um peso unitário de 300 kg.

Caso V. Exas. pretendam, poderemos providenciar que o transporte, seguro e frete sejam tratados pela empresa Autem Vel Transitários, em quem poderão confiar totalmente quanto à manipulação da carga e rápida entrega.

Logo que recebamos a informação dos referidos transitários no que diz respeito aos custos relativos ao transporte, enviá-la-emos a V. Exas.

Aproveitamos para informar que o montante da factura será levado a débito na vossa conta corrente e comunicamos que iremos futuramente efectuar cobranças bimestrais.

Agradecemos a vossa confiança e asseguramos que vos prestaremos o nosso melhor serviço.

Com os nossos melhores cumprimentos.

Atentamente,
Quat Vel, S.A.
Departamento Comercial

Teresa Abreu
Teresa Abreu

Capital social 150 000 € • NIPC 000 000 000 • Matrícula Conservatória Registo Comercial nº 000
Morada • Telefone • Fax • E-mail

Atrasos e alterações no prazo de entrega

- Lamentamos informar, mas a vossa encomenda ficou retida nas docas devido a uma greve de estivadores e, como certamente compreendem, estas circunstâncias encontram-se fora do nosso controlo.

- Devido a atrasos na entrega das matérias-primas, receamos não sermos capazes de executar a vossa encomenda antes do dia 23 de Janeiro, pelo que apresentamos, desde já, as nossas desculpas por este inconveniente. Entretanto, estamos a envidar todos os esforços para cumprirmos com o prazo de entrega.

- Uma ligeira demora na execução da vossa encomenda é agora inevitável, mas estamos a dar toda a nossa prioridade para esta ter, apenas, um atraso de 3 dias úteis, para além da data prevista para a entrega. Lamentamos vivamente este incidente e esperamos que não vos cause sérios inconvenientes.

- A excepcional e recente procura desta linha de produtos torna impossível comprometermo-nos com entregas adicionais até ao próximo mês de Setembro, devido ao período de férias da nossa fábrica durante o mês de Agosto.

- Lamentamos informar que o nosso melhor prazo de entrega é agora o dia 21 de Abril, pois não nos é possível acompanhar o elevado número de encomendas para esta estação. Por favor confirmem se a vossa encomenda pode ser entregue nesta data.

[7] Pedindo desculpa por atraso devido a greve:

QUAT VEL, S. A.

Lisboa, 2007-02-26

Nibh Euismod
Hend Rerit In Vulputate Velit
4567-123 Adipiscing Elit

Exmos. Senhores,

A recente greve verificada com os trabalhadores das empresas de transporte rodoviário tem provocado atrasos com a expedição de um certo número de encomendas. Assim, lamentamos informar que a vossa encomenda está temporariamente retida.

A vossa encomenda foi expedida dois dias antes do prazo de entrega previsto e, actualmente, encontra-se no entreposto de Adipiscing Elit a aguardar envio.

No entanto, e a fim de obviarmos esta situação, estamos a diligenciar o seu transporte por via marítima e deveremos conseguir expedi-la no próximo navio que sai a 3 de Março.

Esperamos que esta situação não venha a afectar o vosso fabrico, e pedimos desculpa por este lamentável atraso.

Com os nossos melhores cumprimentos, subscrevemo-nos,

Atentamente,
Quat Vel, S.A.
Departamento Comercial

Teresa Abreu
Teresa Abreu

Capital social 150 000 € • NIPC 000 000 000 • Matrícula Conservatória Registo Comercial nº 000
Morada • Telefone • Fax • E-mail

AS RECLAMAÇÕES

Desde que uma empresa planeia uma aquisição até ao momento em que a factura é arquivada existem diversas fases, como já foi atrás analisado. Em primeiro lugar, vem a consulta ao mercado, seguida de proposta que originará uma encomenda com o correspondente processamento e concretização. Finalmente, vem a liquidação por parte da empresa cliente. Ora, durante este percurso nem sempre tudo corre bem, pelo que surgem as reclamações.

Os clientes prestam essencialmente atenção ao que os surpreende pela positiva ou pela negativa. Pode-se dizer que a satisfação do cliente é a diferença entre as percepções recebidas ao longo do processo e as expectativas que este tem. Consequentemente, a chave do sucesso é conseguir que a diferença entre as percepções e as expectativas tenha um saldo positivo. Portanto, não se deve prometer demasiado ao cliente, quando à partida não há a plena certeza de se poder cumprir e, na eventualidade de qualquer ocorrência que possa afectar o que está estabelecido, deve a empresa fornecedora tomar a iniciativa e reportar a situação com toda a frontalidade, avançando uma solução para resolver o problema.

Quando o cliente toma a iniciativa de reclamar, a empresa fornecedora deve dar uma resposta por escrito, tentando anular o descontentamento do cliente e resolver a situação.

Assim, qualquer resposta a uma reclamação deve incluir sempre os seguintes pontos:

- Agradecer a comunicação que apresenta a reclamação.

- Dar razão e apresentar as suas desculpas. Não entrar em argumentação sobre quem tem razão. Se for óbvio que o cliente não tem razão, a comunicação deve ser redigida de uma forma positiva e com cortesia, de modo a construir um entendimento entre as partes.

- Mostrar que a informação apresentada na reclamação será utilizada para melhorar a qualidade do serviço prestado aos clientes.

- Em ética comercial deve-se avaliar correctamente a situação e verificar se a deficiente prestação do serviço ou fornecimento terá, ou não, um decréscimo no valor inicialmente proposto. Aqui haverá concessões a fazer, a fim de se manter o cliente e de a empresa fornecedora mostrar que avaliou bem a situação.

Evidentemente que existem inúmeras situações que poderão originar reclamações, pelo que é difícil apresentarem-se exemplos. Consequentemente, apenas se irá focar a pequena reclamação inerente às encomendas e seu processamento.

Ao longo das fases de uma encomenda, acima enunciadas, podem existir reclamações quanto a:

- atrasos na entrega de encomendas – prazos não cumpridos;

- quantidades inexactas;

- deficiência dos artigos/mau estado;

- erro de referência;

- erro nos preços, descontos, etc.

[1] Reclamação do cliente à empresa fornecedora sobre atraso na entrega:

QUAT VEL, S. A.

Lisboa, 2007-02-26

Nibh Tempor, Lda.
Rua Aliquant Errt, nº 20
1100-123 Lisboa

Exmos. Senhores,

Referimos a nossa encomenda com a Ref. ... e relativamente à mesma verificámos com surpresa que o prazo de entrega está largamente ultrapassado.

Assim, agradecemos que nos forneçam a mercadoria até ao próximo dia ..., caso contrário ver-nos-emos forçados a cancelar a encomenda acima referida.

Na expectativa das vossas notícias subscrevemo-nos,

Atentamente,
Quat Vel, S.A.
Departamento de Compras

Pedro Silva
Pedro Silva

Capital social 150 000 € • NIPC 000 000 000 • Matrícula Conservatória Registo Comercial nº 000
Morada • Telefone • Fax • E-mail

Resposta da empresa fornecedora ao cliente:

NIBH TEMPOR, Lda.

Lisboa, 2007-03-05

Quat Vel, S.A.
Hend Rerit In Vulputate Velit
1567-123 Lisboa

Exmos. Senhores,

Agradecemos a vossa carta datada de 26 de Fevereiro e no que se refere ao atraso verificado, lamentamos o facto e agradecemos que esta falha seja relevada, a qual se deveu a um erro informático no processamento da encomenda. Entretanto, estamos a implementar um controlo mais apertado, no intuito de se evitarem situações como a apresentada.

Informamos que já providenciámos o envio do material, que deverá chegar às vossas instalações dentro de uma semana.

Reiterando as nossas desculpas, apresentamos os nossos melhores cumprimentos e subscrevemo-nos,

Atentamente,
Nibh Tempor, Lda.
Departamento Comercial

António Santos
António Santos

Capital social 50 000 € • NIPC 000 000 000 • Matrícula Conservatória Registo Comercial nº 000
Morada • Telefone • Fax • E-mail

[2] Reclamação do cliente à empresa fornecedora sobre quantidades inexactas:

QUAT VEL, S. A.

Lisboa, 2007-02-26

Nibh Tempor, Lda.
Rua Aliquant Errt, nº 20
1100-123 Lisboa

Exmos. Senhores,

Acusamos a recepção da nossa encomenda com a Ref. ... e verificámos que as quantidades fornecidas não correspondem às encomendadas.

Nestas circunstâncias, agradecemos que procedam de imediato ao seu envio, ou caso tal não vos seja possível, solicitamos que nos enviem uma nota de crédito referente aos artigos em falta.

Na expectativa de que esta situação seja rectificada o mais brevemente possível, subscrevemo-nos com os nossos melhores cumprimentos.

Atentamente,
Quat Vel, S.A.
Departamento de Compras

Pedro Silva
Pedro Silva

Capital social 150 000 € • NIPC 000 000 000 • Matrícula Conservatória Registo Comercial nº 000
Morada • Telefone • Fax • E-mail

Resposta da empresa fornecedora ao cliente - **Primeira hipótese:**

NIBH TEMPOR, Lda.

Lisboa, 2007-03-05

Quat Vel, S.A.
Hend Rerit In Vulputate Velit
1567-123 Lisboa

Exmos. Senhores,

Acusamos a recepção da vossa carta datada de 26 de Fevereiro passado e relativamente à falta de 20 artigos com a Ref. 444/RA, facto pelo qual pedimos desde já desculpa, informamos que já procedemos ao seu envio.

Com os nossos melhores cumprimentos, subscrevemo-nos,

Atentamente,
Nibh Tempor, Lda.
Departamento Comercial

António Santos
António Santos

Capital social 50 000 € • NIPC 000 000 000 • Matrícula Conservatória Registo Comercial nº 000
Morada • Telefone • Fax • E-mail

Segunda hipótese:

NIBH TEMPOR, Lda.

Lisboa, 2007-03-05

Quat Vel, S.A.
Hend Rerit In Vulputate Velit
1567-123 Lisboa

Exmos. Senhores,

Acusamos a recepção da vossa carta de 26 de Fevereiro passado relativa à falta de 20 artigos com a Ref. 444/RA, facto pelo qual pedimos desde já desculpa.

Como entretanto existe uma rotura de stock neste tipo de artigos, procedemos nesta data ao envio da respectiva nota de crédito.

Lamentando o sucedido e esperando continuar a receber as vossas prezadas encomendas, apresentamos as nossas desculpas e subscrevemo-nos,

Atentamente,
Nibh Tempor, Lda.
Departamento Comercial

António Santos
António Santos

Capital social 50 000 € • NIPC 000 000 000 • Matrícula Conservatória Registo Comercial nº 000
Morada • Telefone • Fax • E-mail

[3] Reclamação do cliente à empresa fornecedora quanto à deficiência dos artigos/mau estado:

QUAT VEL, S. A.

Lisboa, 2007-02-26

Nibh Tempor, Lda.
Rua Aliquant Errt, nº 20
1100-123 Lisboa

Exmos. Senhores,

Acabamos de receber a nossa encomenda com a Ref. 123/2006 e verificámos que os artigos não correspondem em qualidade ao encomendado, pelo que vos solicitamos o favor de procederem de imediato à sua troca.

Na expectativa das vossas breves notícias, subscrevemo-nos,

Atentamente,
Quat Vel, S.A.
Departamento de Compras

Pedro Silva
Pedro Silva

Capital social 150 000 € • NIPC 000 000 000 • Matrícula Conservatória Registo Comercial nº 000
Morada • Telefone • Fax • E-mail

Resposta da empresa fornecedora ao cliente:

NIBH TEMPOR, Lda.

Lisboa, 2007-03-05

Quat Vel, S.A.
Hend Rerit In Vulputate Velit
1567-123 Lisboa

Exmos. Senhores,

Acusamos a recepção da vossa carta de 26 de Fevereiro, que agradecemos, e lamentamos o sucedido. Relativamente a este assunto, informamos que vamos de imediato proceder à substituição dos artigos, que não se apresentam em boas condições.

Agradecemos ainda que nos indiquem uma data para procedermos ao levantamento da mercadoria, a fim de analisarmos a causa do defeito que esta apresenta.

Gostaríamos de salientar que envidaremos todos os esforços no sentido de continuar a garantir a inteira satisfação dos nossos Clientes.

Com os nossos melhores cumprimentos, subscrevemo-nos,

Atentamente,
Nibh Tempor, Lda.
Departamento Comercial

António Santos
António Santos

Capital social 50 000 € • NIPC 000 000 000 • Matrícula Conservatória Registo Comercial nº 000
Morada • Telefone • Fax • E-mail

[4] Reclamação do cliente à empresa fornecedora - Erro de referência:

QUAT VEL, S. A.

Lisboa, 2007-03-05

Nibh Tempor, Lda.
Rua Aliquant Errt, nº 20
1100-123 Lisboa

Exmos. Senhores,

Encomenda Ref. 1234/2006

Acusamos a recepção da nossa encomenda em epígrafe e informamos que verificámos existir um lapso no que se refere aos casacos de caça, tamanho M, visto terem-nos sido remetidos os artigos com a Ref. 313/XL, em vez da encomendada (Ref. 213/XL).

Agradecendo que procedam à sua troca, ficamos a aguardar as vossas breves notícias.

Com os nossos melhores cumprimentos, subscrevemo-nos,

Atentamente,
Quat Vel, S.A.
Departamento de Compras

Pedro Silva
Pedro Silva

Capital social 150 000 € • NIPC 000 000 000 • Matrícula Conservatória Registo Comercial nº 000
Morada • Telefone • Fax • E-mail

Resposta da empresa fornecedora ao cliente:

NIBH TEMPOR, Lda.

Lisboa, 2007-03-12

Quat Vel, S.A.
Hend Rerit In Vulputate Velit
1567-123 Lisboa

Exmos. Senhores,

Acusamos a recepção da vossa carta datada de 5 do corrente, que agradecemos, e lamentamos o sucedido.

Iremos de imediato proceder ao envio dos artigos com a referência correcta e agradecemos que nos remetam a mercadoria enviada por lapso, com portes a serem pagos pela nossa empresa.

Reiterando as nossas desculpas, apresentamos os nossos melhores cumprimentos e subscrevemo-nos,

Atentamente,
Nibh Tempor, Lda.
Departamento Comercial

António Santos
António Santos

Capital social 50 000 € • NIPC 000 000 000 • Matrícula Conservatória Registo Comercial nº 000
Morada • Telefone • Fax • E-mail

[5] Reclamação do cliente à empresa fornecedora - Erro nos preços, descontos, etc.:

QUAT VEL, S. A.

Lisboa, 2007-03-05

Nibh Tempor, Lda.
Rua Aliquant Errt, nº 20
1100-123 Lisboa

Exmos. Senhores,

Acabamos de receber a vossa factura nº 3560/06 relativa à nossa encomenda com a Ref. AZ743 e informamos que verificámos existir um erro no tocante ao desconto comercial proposto, que não foi aplicado.

Agradecendo que nos enviem a correspondente nota de crédito, apresentamos os nossos melhores cumprimentos.

Atentamente,
Quat Vel, S.A.
Departamento de Compras

Pedro Silva
Pedro Silva

Capital social 150 000 € • NIPC 000 000 000 • Matrícula Conservatória Registo Comercial nº 000
Morada • Telefone • Fax • E-mail

Resposta da empresa fornecedora ao cliente:

NIBH TEMPOR, Lda.

Lisboa, 2007-03-13

Quat Vel, S.A.
Hend Rerit In Vulputate Velit
1567-123 Lisboa

Exmos. Senhores,

Acusamos a recepção da vossa carta datada de 5 do corrente, que agradecemos, e apresentamos as nossas desculpas pelo lapso, tendo nesta data procedido ao envio da respectiva nota de crédito.

Reiterando as nossas desculpas, apresentamos os nossos melhores cumprimentos e subscrevemo-nos,

Atentamente,
Nibh Tempor, Lda.
Departamento Comercial

António Santos
António Santos

Capital social 50 000 € • NIPC 000 000 000 • Matrícula Conservatória Registo Comercial nº 000
Morada • Telefone • Fax • E-mail

DIVERSAS FRASES SOBRE SITUAÇÕES FINANCEIRAS E PAGAMENTOS

Abertura de crédito

- Agradecíamos que abrissem um crédito no valor de ... a favor de ..., válido até ... e pagável contra documentos de embarque ...

- Demos instruções ao Banco ... para abrir um crédito irrevogável a vosso favor no valor de ... O Banco aceitará o vosso saque sobre ele a ... dias para o montante da vossa factura.

Débito, crédito, saldo

- Por favor, creditem-nos o montante de ... €.

- A vossa conta apresenta um crédito de ... €.

- Existe presentemente um saldo devedor de .... €.

- Com o pagamento agora efectuado, a nossa conta fica nesta data saldada.

- Existe um saldo considerável a nosso favor no valor de ... €, que deverá ser prontamente liquidado.

- Abrimos um crédito no montante de ... € a vosso favor.

- Existe um saldo de ... € a vosso favor.

- Agradecemos o favor de utilizarem as transferências a seguir indicadas para liquidarem a nossa conta e transportarem o respectivo saldo a crédito para o próximo ano.

Débitos

- O nosso preço para este serviço é de ... €, pelo que vos será enviada a correspondente Nota de Débito.

- Os custos inerentes a transporte não estão incluídos no preço da encomenda em causa, pelo que, nestas circunstâncias, iremos remeter a Nota de Débito correspondente aos mesmos.

- O valor de ... € diz respeito a um débito adicional, referente à taxa de urgência.

- Lamentamos informar, mas iremos proceder à emissão de uma Nota de Débito relativa a juros de mora, por falta de pagamento.

Créditos

- Por favor, entrem com esta verba nos vossos registos.

- Depois de termos entrado em linha de conta com os valores a seguir discriminados, verificámos que os valores em débito não estão de acordo com o saldo da conta corrente que nos remeteram. Assim, agradecemos que nos creditem a importância de ... €, a fim de colmatar a diferença apresentada.

- Ao verificar a nossa conta corrente com a vossa Empresa, notámos que não nos creditaram a 3 de Maio, o valor de ... €, pelo que agradecemos que nos apresentem o justificativo correspondente.

Frases relativas a pedidos de crédito

- A empresa que mencionam .../A empresa referida na vossa carta ...
    ... dispõe de boa reputação e credibilidade.
    ... está bem cotada.
    ... tem um negócio sólido e próspero.
    ... é considerada como dispondo de um bom crédito.
    ... é uma boa cliente.

- A Empresa ... tem efectuado negócios connosco há ... anos
    ... sendo nossa conhecida desde longa data.
    ... estando bem cotada no mercado e dispondo ainda de uma boa reputação.

- Consideramos que um crédito no valor de ... € é um claro risco.

- Pensamos que V. Exas. não correm qualquer risco em concederem a ... pagamentos trimestrais.

- Não hesitaríamos em conceder-lhes o crédito solicitado.

- Pagamentos mensais com um limite de crédito de ... €, parece-nos uma situação razoável.

- Aconselhamos prudência na concessão de créditos.

- Relativamente à situação que apresenta actualmente, um crédito de ... € será um risco.

- Os créditos concedidos deverão restringir-se a períodos de 30 dias.

- Aconselhamos que um crédito de ... € não seja ultrapassado.

- É uma empresa que desfruta de boa reputação e dispõe de sólidas informações financeiras.

- A sua situação financeira é muito sólida.

- A empresa que referem dispõe de capital suficiente para suportar esta expansão.

- A empresa que referem é conhecida por se encontrar numa situação difícil e ter esgotado as suas reservas financeiras.

- A empresa que referem está a ser pressionada por diversos credores e a sua situação é precária.

- Foram afectados pelo caso de falência de ... e sofreram uma grande perda, sendo a recuperação incerta.

- Preferimos não emitir a nossa opinião sobre esta empresa.

- A nossa experiência com essa empresa não nos permite emitir qualquer opinião.

- Não temos conhecimento suficiente para darmos uma resposta satisfatória às vossas perguntas.

- Demoram a efectuar os pagamentos.

- Geralmente, protelam o pagamento das suas contas até receberem um segundo aviso.

Abertura de conta/informações sobre contas

- Por favor, abram uma conta corrente no nome de ... . Para o efeito, remetemo-vos a ficha de assinaturas dos nossos quadros que responsabilizam a empresa, bem como a certidão do registo comercial.

- Por favor, abram uma conta junto da vossa dependência de ... e transfiram a importância de ... € para esta nossa nova conta.

- Para abertura de conta, junto enviamos um cheque sobre o Banco ... no valor de ... €

- Demos, nesta data, instruções ao Banco ... para transferir o equivalente a ... para provisão de conta.

- Por favor, informem-nos sobre a taxa de juro para as contas de depósito a prazo e ainda qual o saldo mínimo que exigem para evitar encargos com contas à ordem.

- Conforme acordado, agradecemos que procedam à abertura de uma Carta de Crédito irrevogável a nosso favor junto do Banco ...

Instruções sobre pagamentos

- Por favor, transfiram o valor de ... € para a nossa conta no Banco ..., com o NIB ...

- Por favor, efectuem os seguintes pagamentos em nosso nome ...

- Por favor, transfiram em Euros o equivalente a USD 1.250 para a conta nº..., a favor de ..., e com o seguinte NIB ...

- Por débito da nossa conta, por favor transfiram a 15 de cada mês para a conta de ..., com o NIB ..., a importância de ..., até informação em contrário.

- Com efeito a partir de 1 de Janeiro, agradecemos que suspendam os pagamentos a ..., autorizados pela nossa carta de ...

Situações financeiras e instruções especiais

- Por favor, indiquem-nos a que se referem os créditos de ... € e ... €, respectivamente, com data de 2 e 15 de Junho.

- Por favor, informem-nos que serviços estão abrangidos pela designação de «Encargos Especiais a partir de 1 de Janeiro».

- Por favor, adquiram à melhor taxa de câmbio a seguinte moeda estrangeira ... e debitem na nossa conta corrente o valor correspondente.

Devolução de facturas

- Junto devolvemos a vossa factura nº ... pelo motivo a seguir indicado:
  - debitaram-nos o IVA.
  - não nos debitaram o IVA.
  - os cálculos não estão correctos.
  - os preços não estão de acordo com os indicados na nossa requisição.
  - o desconto não se encontra conforme a vossa confirmação de encomenda.
  - não indica o número da nossa requisição.

Solicitando pagamento

- Junto enviamos extracto da vossa conta ...

- Agradecíamos que nos liquidassem a nossa factura nº ..., visto encontrar-se excedida a sua data de vencimento.

- Segundo os nossos registos, a factura em título ainda não foi liquidada, pelo que agradecíamos uma pronta regularização.

- Como temos recebido pontualmente os vossos pagamentos, estamos surpreendidos com o facto de ainda não terem procedido à liquidação do saldo a nosso favor, conforme extracto de conta corrente de 23 de Março passado.

Segunda solicitação de pagamento

- Sem resposta à nossa carta de ..., receamos ter de suspender os nossos fornecimentos ...

- Como não recebemos qualquer comunicação da vossa parte sobre a importância em dívida, lamentamos informar, mas vemo-nos forçados a entregar este assunto aos nossos Serviços de Contencioso.

- Certamente existe uma razão especial para a demora no pagamento, pelo que vos agradecíamos uma pronta informação sobre a forma como irão liquidar a importância em dívida.

- Não tendo obtido resposta à nossa carta de ..., lamentamos informar que não temos outra alternativa senão recorrer a acção legal para recuperar a importância que nos é devida.

Solicitando prorrogação do prazo para pagamento

- Como é do vosso conhecimento, a nossa empresa sempre cumpriu prontamente com os seus compromissos, mas agora vemo-nos obrigados a solicitar que nos concedam um prazo de 60 dias para podermos liquidar a presente dívida.

- Lamentamos informar que, de momento, não nos é possível satisfazer o vosso pedido, mas podemos garantir que vos remeteremos a importância em dívida até ao final do corrente mês.

O REQUERIMENTO

O requerimento é um documento através do qual se faz uma petição a uma entidade superior ou pública para que seja fornecida ao requerente determinada informação ou seja satisfeita alguma pretensão.

Não é um documento específico da correspondência empresarial, mas é bastante utilizado na área comercial, quer pelas pessoas singulares, quer pelas pessoas colectivas, no seu relacionamento com os diversos organismos oficiais.

ESTRUTURA DO REQUERIMENTO

- Elemento vocativo seguido do nome do cargo ou função do destinatário, pertencente à entidade a quem é dirigido o requerimento e, por vezes, se necessário, endereço dessa entidade. Não se menciona o nome civil da pessoa a quem é dirigido o pedido.

- Não se utiliza nenhuma fórmula de saudação.

- Identificação e qualificação do requerente.

 Se for uma pessoa física, nome completo seguido de outros dados pessoais ou profissionais do requerente, conforme a circunstância, de acordo com a natureza da solicitação.

Exmo. Senhor Delegado de ...

... (nome completo do requerente), portador do Bilhete de Identidade nº ..., emitido em ... de ... de ... pelo Serviço de Identificação Civil de ..., residente em ... (rua, nº de polícia, andar, localidade, etc.), código postal ... - ..., na qualidade de ..., requer a V. Exa. ...

Se for pessoa jurídica, nome e outros dados que identifiquem a entidade requerente (endereço da sede social, número de identificação de pessoa colectiva [NIPC], registo na Conservatória do Registo Comercial, ramo de actividade, etc.), também de acordo com a natureza do pedido.

Exmo. Senhor Chefe de Serviços das Finanças de ...

Empresa, Lda. com sede em ... (rua, nº de polícia, andar, localidade, etc.), NIPC ..., matriculada na Conservatória do Registo Comercial de ..., sob o nº ..., com o capital social de...€, requer a V. Exa. ...

- Quando o requerente é uma pessoa física, não é necessária a expressão «o abaixo assinado» após transcrição do nome, dado ser o próprio que irá assinar o requerimento.

- O requerimento, quer de pessoa física quer jurídica, é sempre redigido na terceira pessoa, evitando o uso dos pronomes «eu» ou «nós».

- O requerimento é, geralmente, redigido num só parágrafo e a redacção é curta e objectiva.

- O fecho ocorre num novo parágrafo.

- O tratamento adequado é:

    Exmo. Senhor $\Longrightarrow$ V. Exa.

- A forma correcta de terminar é com a expressão:
  «Pede Deferimento» ou «Pedem Deferimento» (consoante seja um ou mais requerentes).

MODELO DA ESTRUTURA DO REQUERIMENTO

| 1 | Invocação |

| 2 | Explanação do assunto |

| 3 | Fecho |

| 4 | Local e data |

| 5 | Assinatura |

Exemplos de requerimentos:

Exmo. Senhor Director
do Centro de Formação Profissional de ...

Pedro Ferreira, aluno regularmente matriculado no primeiro ano do curso de Técnicos de Informática, sob o número 732, turma P1, período nocturno, vem requerer a V. Exa. um atestado de matrícula, para a obtenção de uma bolsa de estudos da empresa onde trabalha.

Pede Deferimento,
Lisboa, 15 de Março de 2007

(Assinatura)

Exmo. Senhor Chefe do Serviço de Finanças de ...

Empresa, Lda. com sede na Av. ..., nº ..., 2º andar, em Lisboa, NIPC 000.000.000, matriculada na 2ª Secção da Conservatória do Registo Comercial de Lisboa sob o nº 00.000, com o capital social de 00.000 Euros, requer que V. Exa. se digne mandar passar uma certidão onde conste que a referida não é devedora à Fazenda Nacional de quaisquer impostos.

Essa certidão destina-se a ser apresentada no Concurso Público ... e deverá ser emitida nos termos previstos no nº ... do Decreto-Lei nº ...de ... de ...

Pede Deferimento.
Lisboa, 23 de Maio de 2007

*(Assinatura dos representantes da
Empresa)*

Requerimento tipo carta – escrito em papel de carta da requerente:

QUAT VEL, S. A.

Lisboa, 2007-03-29

Ministério das Finanças
Direcção-Geral Contribuições e
Impostos
Direcção Serviços Cobrança IVA
Apartado 0000
0000-000 Lisboa

Exmos. Senhores,

Liquidação 0000000 - Período ...
Valor: Euros ...

Quat Vel, S.A., Pessoa Colectiva nº ..., infra-identificada[10], tendo sido notificada para pagamento de juros compensatórios, no valor de Euros ..., correspondente à nota de liquidação ... em título, a que corresponde o número de cobrança ..., vem, ao abrigo do disposto no artigo ... do CPT, requerer a V. Exas. que se dignem mandar notificar a requerente dos fundamentos legais e factuais, que estiveram subjacentes à referida cobrança.

Espera Deferimento,
Quat Vel, S.A.

(Assinatura dos representantes da Empresa)

Capital social 150 000 € • NIPC 000 000 000 • Matrícula Conservatória Registo Comercial nº 000
Morada • Telefone • Fax • E-mail

Geralmente são necessárias duas assinaturas para obrigar uma empresa e, em actos deste género, os documentos são sempre assinados com essas duas assinaturas.

---

[10] A identificação é dada pelos elementos constantes no rodapé do papel de carta da empresa requerente.

O MEMORANDO

O termo memorando prende-se ao verbo latino *memini* e é uma forma verbal latina usada como substantivo, cujo significado é «o que deve ser lembrado». A palavra memorando é essencialmente utilizada no mundo dos negócios sob a sua forma abreviada: **memo**.

Portanto, o memorando, ou memo, é um documento administrativo de circulação limitada ao âmbito da empresa, que serve para lembrar algo através de mensagens curtas ou prestar informações sucintas. Este tipo de comunicação não deve ser enviado para o exterior.

Actualmente, e dada a evolução tecnológica, este tipo de comunicação está praticamente a desaparecer, pois os diversos interlocutores, quer internamente nas empresas, quer externamente, comunicam por e-mail, dado esta ser uma forma de comunicação muito mais dinâmica e interactiva, evitando impressões e distribuição de papel.

CONSIDERAÇÕES SOBRE O MEMO

Em primeiro lugar vem o cabeçalho do memo constituído por: (1) «Para:», (2) «De:», (3) «Data:» e (4) «Assunto:».

1 - «Para:» A quem se destina o memo. Aqui, devem-se ordenar os nomes dos destinatários segundo os seguintes princípios:

- **Se for um memo exclusivamente interno**
  Ordenar os destinatários por hierarquia.

  As pessoas com cargos ou títulos iguais são listadas alfabeticamente tendo em conta o apelido porque são conhecidas profissionalmente. Dentro da mesma hierarquia, é por ordenação alfabética.

- **Se o memo incluir, também, pessoas externas (parceiros de negócio)**

  Os nomes das pessoas externas aparecem a seguir aos destinatários internos. Devem ser ordenados hierarquicamente, seguidos dos nomes da empresa.

Não se enviam memos a clientes. Os memos são documentos internos e, quando muito, são distribuídos a parceiros de negócios envolvidos em determinado negócio ou projecto da empresa.

2 - «De:» - nome de quem emite o memo.

3 - «Data:» - data em que é emitido o documento.

4 - «Assunto:» - breve frase com o tema.

A seguir a estes elementos vem a explanação.

Para tornar a leitura do memo fácil, neste deve constar, apenas, a informação-chave apresentada num texto com parágrafos curtos (não superiores a duas linhas) e ainda margens largas.

Os textos com poucas linhas são mais fáceis de ler do que textos longos. Se apresentarem margens largas, deixam ainda espaço para serem tomadas notas.

Actualmente, nos memos não há lugar a saudação final do estilo «Melhores cumprimentos» ou similar.

ESTRUTURA DO MEMORANDO

1 | Destinatário(s)

2 | Procedência

3 | Data

4 | Assunto

5 | Corpo - Explanação

6 | Assinatura

Exemplo de um memo:

MEMO

PARA: *Pedro Mateus*　　　DEPARTAMENTO: *Marketing*
C.C.:
DE: *Carmo da Silva*　　　DEPARTAMENTO: *Relações Públicas*

Data:　2006-11-17

Assunto: **Estágio de Pedro Melo**

Conforme determinação superior, a partir de 2 de Janeiro de 2007, o Senhor Pedro Melo, novo assistente do Chefe de Departamento de Relações Públicas, irá efectuar um estágio no Departamento de Marketing, durante um mês.

Gostaríamos de contar com a sua assistência pessoal, de modo a que este nosso novo Colaborador possa ter o máximo de aproveitamento e conhecimento dos nossos produtos e dos nossos clientes.

Carmo da Silva

O AVISO

«Aviso» é a comunicação através da qual entidades ou organismos oficiais levam ao conhecimento geral um assunto de seu interesse, para um determinado fim.

ESTRUTURA

- Designação do órgão, dentro da respectiva ordem hierárquica;

- Objecto - resumo do assunto com sua respectiva identificação;

- Denominação do acto - AVISO;

- Autor com poderes para dar a informação;

- Texto - o texto pode, também, ser apresentado em diversos pontos ou alíneas;

- Local e data;

- Assinatura;

- Nome;

- Cargo.

Dada a natureza dos avisos, estes são publicados em jornais diários ou semanais, ou em Diário da República.

Exemplo:

FACULDADE DE SOLUTA NOBIS
UNIVERSIDADE DE TINCIDUNT UT LAOREET

CONCURSO PÚBLICO Nº 320/A-2007

AVISO

A Comissão Corper Suscipit torna público aos proponentes e demais interessados que realizará reunião para abertura das propostas de preços, no dia 15 de Novembro de 2007 pelas 17.00 horas, no Auditório Magna Aliquam, do Edifício Sit Amet, sito na Alameda Duis Autem, nº 20, Lisboa.

Lisboa, 30 de Outubro de 2007

Assinatura
Nome por extenso
Cargo

ATESTADOS, DECLARAÇÕES E CERTIFICADOS

Estes tipos de documentos são sempre redigidos em papel identificativo da entidade emissora, portanto, em «papel de carta – 1ª via».

A necessidade de comprovar uma situação, estado ou ainda um facto origina a emissão de documentos que têm força probatória e podem ser redigidos relativamente a pessoas singulares e colectivas. Estes documentos, para provarem a sua autenticidade, além da assinatura ainda levam selo branco.

Estruturam-se da seguinte forma:

- Título;

- Descrição do facto;

- Data;

- Assinatura;

- Indicação do nome e cargo de quem assina.

O ATESTADO

Atestado é um documento emitido por uma entidade, através do qual são dados a conhecer factos que poderão ser do interesse de terceiros, comprovando um facto ou uma situação. O atestado prova factos transitórios. Por exemplo as Juntas de Freguesia emitem «Atestados de Residência».

Partes do atestado:

- Título - ATESTADO;

- Texto - exposição da finalidade da atestação;

- Local e data em que é emitido;

- Assinatura - nome e cargo de quem atesta.

Exemplos:

ATESTADO

... (nome do médico), na qualidade de ... atesto que ... (nome da pessoa em causa), portador do Bilhete de Identidade n° ..., emitido em ..., pelo Serviço de Identificação de ..., tem presentemente uma incapacidade física de 20% devido a acidente de trabalho, pelo que ... .

Assim e nos termos do disposto no Artigo ..., n° ..., da Portaria n° ..., de ..., passo o presente atestado para efeitos de ..., que vai por mim datado e assinado, e autenticado com o selo branco em uso neste serviço.

... (Localidade), ..., de ... de 200 ...

Assinatura do médico

ATESTADO

Para os devidos efeitos se atesta que o formando ..., está regularmente matriculado no 1° módulo do Curso PRÁTICAS ADMINISTRATIVAS deste Centro de Formação Profissional, sob o n° ... .

Localidade, ... de ... de ...

Assinatura
Nome por extenso
Cargo

A DECLARAÇÃO

Declaração é um documento de manifestação administrativa, que declara a existência, ou não, de um direito ou de um facto.

Os tipos de declarações que se apresentam a seguir servem para complementarem o percurso profissional de determinada pessoa e para serem apresentados, quando solicitados.

Uma empresa, ao emitir uma declaração sobre o percurso profissional de um colaborador, apenas indica as funções que lhe foram atribuídas e nunca refere o grau de desempenho.

Tipos de Declarações

QUAT VEL, S. A.

DECLARAÇÃO

Para os devidos efeitos se declara que o Senhor António Silva exerceu, no período de 2 de Janeiro de 2000 a 30 de Outubro de 2007 os seguintes cargos nesta Empresa:

De Janeiro de 2000 a 31 de Dezembro de 2003
Assistente do Director Financeiro

De 1 de Janeiro de 2004 a 30 de Outubro de 2007
Controller do Departamento Industrial

Lisboa, 10 de Novembro de 2007

António Amaral

António Amaral
Director-Geral

Capital social 150 000 € • NIPC 000 000 000 • Matrícula Conservatória Registo Comercial nº 000
Morada • Telefone • Fax • E-mail

QUAT VEL, S. A.

DECLARAÇÃO

Para os devidos efeitos, declaramos que o Senhor Arquitecto António Silva desenvolveu no ano de 2005 um estudo para a construção de uma unidade fabril integrando logística.

A proposta final apresentada representa um avanço na optimização do espaço físico necessário para o desenvolvimento de todas as actividades do pólo industrial desta empresa.

Lisboa, 10 de Novembro de 2007

António Amaral

António Amaral
Director-Geral

Capital social 150 000 € • NIPC 000 000 000 • Matrícula Conservatória Registo Comercial nº 000
Morada • Telefone • Fax • E-mail

O CERTIFICADO

É um documento em que se certifica algo e na prática, quanto à sua redacção, é muito semelhante ao atestado.

Geralmente, um certificado destina-se a uma acção concreta e permanente, enquanto que o atestado refere-se a uma situação transitória. Por exemplo, um instituto de ensino passa um certificado sobre a frequência de determinado curso.

O certificado pode, também, ser emitido para outro tipo de situações, nomeadamente para participações em eventos técnico-profissionais e que podem vir a comprovar o que é apresentado no *curriculum* de uma pessoa.

Exemplo:

CERTIFICADO

Para os devidos efeitos, certifica-se que o Senhor ... participou no Colóquio ..., organizado por ..., que decorreu na Fundação ..., nos dias 20 e 21 de Janeiro de 2007.

Data, ...

O Presidente da Comissão Organizadora

Assinatura

O OFÍCIO

O ofício é uma forma de comunicação escrita própria dos órgãos do serviço público oficial e é equivalente à carta comercial. O ofício é quase exclusivamente utilizado no serviço público e está para as entidades públicas como a carta comercial está para as empresas privadas.

CARACTERÍSTICAS DO OFÍCIO

- O ofício indica sempre a «referência» ou «número de processo».

- O assunto antecede o elemento vocativo e poderá vir em letras maiúsculas.

- A invocação pode estar expressa ou não, estando o recipiendário do ofício identificado no destinatário. Caso venha expresso o elemento vocativo, este pode aparecer seguido de dois pontos ou de vírgula, enquanto que na correspondência empresarial o elemento vocativo é sempre seguido de vírgula.

- Este tipo de comunicação de carácter oficial é redigido de uma forma bastante formal, mas sem os exageros do passado, quando se utilizava uma linguagem bastante elaborada.

- No entanto, e dada a tendência de simplificação na redacção administrativa, o estilo formal e simples comporta um fecho que poderá ser, apenas, de «Com os melhores cumprimentos».

- A assinatura é precedida do cargo e ainda em certos casos é traçada uma linha para a colocação da assinatura.

quod mazim placerat facer possim assum. Lorem ipsum dolor sit amet, consectetuer adipiscing elit, sed diam nonummy nibh euismod.

Melhores cumprimentos.

O Chefe de Secção
António Silva

António Silva

ESTRUTURA DO OFÍCIO

1 | Destinatário

3 | Referência Ofício/Processo nº

2 | Data

4 | Assunto

5 | Explanação do assunto

6 | Saudação final

7 | Nome e cargo

Modelo de ofício:

CÂMARA MUNICIPAL DE ...

Exmo. Senhor
Dr. Eduardo Tavares
Rua Hend Rerit In, 20
1250 - 009 Lisboa

Sua Referência:	Nossa Referência:	Data:
	Proc. OP 1063/2002	2007-04-17
	Ofício nº 31865	

Assunto: DEMOLIÇÃO DO EDIFÍCIO E CONSTRUÇÃO DE NOVO
RUA PLACERAT FACER, 13 – CANEÇAS

Relativamente ao assunto acima mencionado e, no uso da competência que me foi subdelegada, informo V. Exa. de que nesta data foi oficiado à Entidade abaixo mencionada, a fim de emitir o respectivo parecer:

Eleifend Option, S. A.
Centro de Distribuição de Delenit Augue
Rua Consequat, nº 30
2670-466 Loures

Com os melhores cumprimentos,

A Chefe de Secção
Ana Silva
Ana Silva

O RELATÓRIO

Um relatório é um texto elaborado por quem observou, estudou ou conhece determinado assunto ou situação e transmite a experiência adquirida a terceiro ou terceiros, que deve ou devem confiar e utilizar as informações dadas e as conclusões tiradas.

O relatório é um dos tipos mais comuns de redacção empresarial, assumindo aspectos administrativos ou técnicos.

Por vezes, o relatório consiste numa exposição rápida e informal de carácter pessoal, enquanto que noutras, assume formas mais complexas e volumosas, como os relatórios de gestão de empresas privadas.

Quer o relatório seja administrativo quer seja técnico, engloba, de uma forma geral, a descrição do objectivo, do processo utilizado para avaliação da situação (narrativa minuciosa de factos ou ocorrências) e respectivas conclusões.

Relatório administrativo

O relatório administrativo é uma exposição circunstanciada de factos ou de ocorrências de carácter administrativo, nomeadamente os relatórios empresariais periódicos, que são realizados sempre em datas inicialmente pré-estabelecidas e dentro de um determinado plano padrão.

Relatório técnico

Um relatório técnico é um documento, produzido por pessoal técnico qualificado, através do qual é apresentado o estudo sobre uma determinada situação de carácter técnico. O relatório técnico é elaborado principalmente para descrever experiências, investigações, processos, métodos, análises e resultados obtidos resultantes dos ensaios efectuados nas entradas em serviço de instalações e equipamentos[11].

---

[11] Ensaio de entrada em serviço é o processo desenvolvido por uma equipa ou autoridade competente que verifica a fiabilidade e o desempenho da instalação ou equipamento e, ainda, se este não apresenta nenhuma irregularidade ou defeito, antes da entrega ao cliente final ou ao dono da obra.

ESTRUTURA DOS RELATÓRIOS ADMINISTRATIVOS E TÉCNICOS

- Introdução, indicando o propósito do relatório e o período que compreende;

- Desenvolvimento, descrevendo os factos apurados;

- Método adoptado no apuramento;

- Conclusão e sugestão para implementação de medidas.

Certos relatórios incluem ainda material ilustrativo: nomeadamente gráficos e imagens, que podem ser incorporados no texto ou sob a forma de apêndice e anexos. Quando se incluem estes elementos, devem ser sempre imediatamente seguidos de legendagem.

NORMAS PARA A APRESENTAÇÃO DE UM RELATÓRIO

Formatação das páginas

- Utilizar papel branco tamanho A4;

- Folha de rosto sem número de página;

- Numerar as páginas seguintes;

- Margem de 3 cm à esquerda e 2,5 cm à direita.

Redacção do relatório

O relatório deve ser conciso, claro e abordar o assunto directamente, contendo a informação fundamental sobre o que versa e apresentar os prós e os contras de diferentes propostas ou opções.

A metodologia da elaboração de um relatório exige que primeiro se explore o tema e antes de se iniciar, devem-se identificar bem quais as questões que se pretendem investigar. Só depois de identificadas e listadas, dever-se-ão elaborar as respostas para as questões em causa.

As questões devem ser analisadas tanto quanto ao aspecto quantitativo como qualitativo, o que obriga a recolher elementos, utilizando folhas de cálculo (tipo Excel) onde se vão registando os dados que se conseguem obter, para posteriormente ser mais fácil tratá-los electronicamente, e possibilitando a elaboração de tabelas e gráficos. Muitas vezes, estes elementos são necessários, para ilustrarem o tema desenvolvido.

Deve-se ter presente que o relatório reflecte sempre um grau de exigência e rigor na análise do tema em questão. Portanto, o relatório não deve conter contradições e deve ser coerente na sua argumentação, seguindo sempre uma metodologia gradual de elaboração.

Para relatórios de grande dimensão, aconselha-se que inicialmente se prepare um esquema sintético do relatório, contendo os principais capítulos e secções, a fim de facilitar a sua redacção e ordenação dos factos e conclusões.

Antes de se dar por concluído um relatório, devem-se efectuar diversas revisões.

CARACTERÍSTICAS DE UM RELATÓRIO

Um relatório quando abrange já uma certa dimensão deve conter sempre seis partes:

1. Capa ou folha de rosto

A capa é, geralmente, de apresentação livre, mas deverá constar de:

- Título (Tema tratado);

- Autor(es);

- Local e data.

A capa é, evidentemente, a primeira página, que se torna a página de título (folha de rosto) e que não é numerada.

2. Sumário e índice

Para um relatório reduzido não será necessário o sumário, mas se atingir cerca de dez páginas, o sumário limita-se a algumas linhas que indicam as partes principais.

Para um relatório com mais de dez páginas, o sumário é formado pela página que se segue à do título e é constituído por um índice, que dá ao leitor uma visão de conjunto dos pontos abordados.

Este índice far-se-á através do processamento de texto, de forma automática.
(Consultar livro sobre a matéria).

3. A introdução

A introdução contém as definições necessárias, indica o método utilizado para conduzir o assunto e deve situar rapidamente o objectivo do relatório.

A introdução deve ter em consideração os seguintes requisitos:

- Despertar o interesse imediato do leitor, orientando-o quanto à verdadeira natureza do assunto;

- Deixar claro que se trata de um trabalho formal;

- A extensão da introdução varia proporcionalmente à do texto completo, não devendo ultrapassar 5% do total do texto.

4. Desenvolvimento

O relatório será tanto mais claro quanto melhor o plano estiver adaptado ao assunto e às propostas ou soluções que serão formuladas ou preconizadas.

O desenvolvimento do relatório deve ser apresentado dividido em títulos e subtítulos e nunca deve aparecer titulado como «desenvolvimento», mas deve referir os três pontos seguintes:

Metodologia adoptada - A metodologia adoptada não é mais do que o caminho trilhado para se chegar a um fim e se atingir um objectivo. A metodologia compreende, não apenas a indicação dos processos adoptados na análise dos factos, mas também a própria exposição narrativa no que concerne a averiguação desenvolvida e material utilizado. Podemos dizer que a metodologia adoptada refere-se, essencialmente, à forma como o assunto é desenvolvido, quer numa ordem lógica quer cronológica. O parágrafo poderá iniciar-se «O método adoptado consistiu em ...».

Análise dos resultados - Após ter-se procedido à descrição da metodologia adoptada, que serve de base ao relatório, apresenta-se a análise dos resultados, que constitui a segunda parte do desenvolvimento. Os resultados indicam o que realmente se apurou (deficiências, dificuldades, condições existentes ou inexistentes, problemas prevalecentes, etc.).

Interpretação dos resultados - Aqui é descrita a importância do que foi averiguado, que se apresenta sob a forma argumentativa, indicando as razões, que são os próprios factos apurados e a correspondente interpretação.

Características do desenvolvimento

- Apresentar os factos de maneira objectiva, a fim de constituírem fundamentos para as conclusões e recomendações.

- Esclarecer o leitor quanto ao ponto de vista em que se coloca o autor.

- Seguir sempre um encadeamento de ideias de maneira lógica, coerente e objectiva.

- Demarcar claramente as fases sucessivas no apuramento dos factos.

- Documentar ou ilustrar com gráficos, tabelas, imagens, etc., quando necessário, fazendo-se sempre chamadas ou remissões no texto, mesmo que tais elementos venham em anexos.

5. A conclusão

Na conclusão recapitula-se o essencial e nela se insere a opinião do redactor sobre a situação analisada. A conclusão deve permitir ao leitor tomar uma decisão, com base nos elementos fornecidos e alguns conselhos sobre uma actuação possível.

A conclusão depende do assunto e da natureza do desenvolvimento, sendo a sua extensão variável.

A conclusão pode-se iniciar da seguinte forma:

«Assim, conclui-se que:/Perante o acima exposto, conclui-se que:
1º- ...;
2º - ...;
3º - ... etc.»

6. Apêndices e anexos

Muitos relatórios vêm acompanhados de apêndices e anexos, constituídos por gráficos, mapas, tabelas, dados estatísticos, desenhos, fotografias e outro tipo de documentação.

As legendas

Existindo grande material ilustrativo, este deve ser sempre acompanhado de legendas. Estas esclarecem o que se apresenta nas figuras e indicam ainda o significado de símbolos que, eventualmente, também apareçam na figura.

As legendas devem ser alinhadas com as margens do texto e centradas com as figuras que ilustram.

A bibliografia

A bibliografia está mais relacionada com os relatórios de carácter técnico-científico do que com os que são aqui apresentados, que se prendem com a actividade empresarial. Neste tipo de relatório, e se for de carácter técnico, pode, quando muito, fazer-se referência a determinadas normas.

A evitar:

- Fazer uma introdução longa e complexa que disperse a atenção;

- Esquecer dividir o relatório em títulos e subtítulos;

- Redigir sem método e perder-se com descrições fora do contexto;

- Ser vago;

- Fazer afirmações sem provas;

- Não apresentar um plano alternativo;

- Apresentar informação não seleccionada e que não se domine.

Exemplo de um estilo de um pequeno relatório:

RELATÓRIO

Fábrica de Tecelagem Quat Vel Illum

Distribuição do Novo Parque de Máquinas

Elaborado por: J. M. Santos – Departamento de Produção

Relativamente ao planeamento para uma melhor distribuição do novo parque de máquinas de fiação, convém salientar os seguintes pontos:

1. Em 10 de Julho de 2006 foi decidido pela Administração que fosse efectuado um estudo para o aumento de rentabilidade da linha nº 2 de fiação da Fábrica de Tecelagem Quat Vel Illum.

2. Para esse efeito, foi contratada a empresa Liros et Accumsan, especializada no assunto, que enviou dois dos seus técnicos para efectuarem o correspondente planeamento.

3. Os trabalhos começaram de seguida sob supervisão directa do Director de Produção.

4. A área estudada para a distribuição das máquinas é de 1.500 m2 (mil e quinhentos metros quadrados) e a área a ser ocupada pelas máquinas é de 1.350 m2 (mil trezentos e cinquenta metros quadrados).

5. De acordo com os estudos e levantamentos feitos pelos técnicos, conseguiu-se obter o melhor aproveitamento do espaço físico, conforme os mapas em anexo, que dão uma perfeita visão da área.

6. Do estudo elaborado conclui-se que é viável a distribuição das novas máquinas no Pavilhão B.

Lisboa, 20 de Outubro de 2007

Exemplo de um outro estilo de relatório:

Lisboa, 25 de Julho de 2007

Aos Administradores e Accionistas da
Empresa Liros et Accumsan, S.A.

1. Atendendo à solicitação de V. Exas., efectuámos uma análise à demonstração de resultados da Empresa Liros et Accumsan, S.A., que compreendeu: o Balanço Patrimonial, Demonstração de Resultados, origens e aplicações de recursos e as mutações do património líquido, no período findo em 31 de Dezembro de 2006.

2. A nossa auditoria foi realizada com o objectivo de examinar os princípios fundamentais seguidos nas demonstrações contabilísticas elaboradas.

3. A realização da auditoria baseou-se nos seguintes procedimentos:
   - Conferência dos princípios contabilísticos com os registos oficiais de contabilidade e das próprias demonstrações, levando em consideração os aspectos formais;
   - Exame às datas de reunião do Conselho de Administração e das Assembleias gerais;
   - Revisão de factos subsequentes a 31 de Dezembro de 2006 até à data deste relatório para verificação da existência de factos e procedimentos susceptíveis de futura rectificação;
   - Outros procedimentos julgados indispensáveis.

4. Os resultados observados pelos trabalhos de auditoria realizados não encontraram desvios substanciais aos princípios contabilísticos fundamentais.

5. Seguem alguns comentários sobre aspectos formais de determinadas contas.

Empresa de Auditoria
Assinatura
Cargo

Exemplo de estrutura de um relatório:

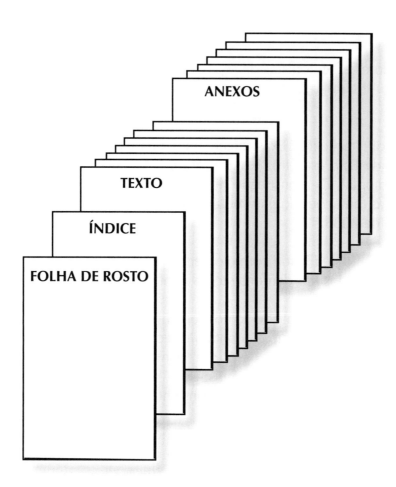

A CORRESPONDÊNCIA PROTOCOLAR

No âmbito da correspondência comercial, e para além da inerente ao desenvolvimento da actividade empresarial, existe ainda aquela que é necessária ao relacionamento interpessoal com clientes, fornecedores, parceiros de negócio, etc., e ainda a que é dirigida às entidades governamentais.

A CARTA DE NATUREZA PESSOAL

Em bom rigor, uma carta pessoal deveria ser sempre escrita à mão com caneta de tinta permanente, de cor azul ou preta, mas para facilitar a sua leitura é norma, no mundo dos negócios, proceder-se na forma como se apresenta a seguir.

No entanto, este tipo de cartas, no âmbito da actividade empresarial, devem sempre ser feitas em computador e impressas e, para se dar um ar mais personalizado, e havendo uma certa relação profissional, antes do texto que compõe o corpo da carta, escreve-se à mão o elemento vocativo, (por exemplo: «Caro Amigo», «Prezado Dr. António Silva») e termina-se com umas palavras de cortesia, também escritas à mão.

Exemplo:

António Silva
Presidente do Conselho de Administração

Lisboa, 2007-02-22

Exmo. Senhor
Carlos Matos
Quandit, S.A.
Av. Nibh Euismod, 1
1200-123 Lisboa

Caro Carlos Matos,

Foi com grato prazer que tomei conhecimento da sua recente nomeação para Presidente do Grupo Utnibh e quero, desde já, endereçar as minhas sinceras felicitações e desejar-lhe o maior sucesso profissional nesta etapa que agora se inicia.

Com os meus cordiais cumprimentos,

António Silva

Empresa, S. A.

Geralmente, os quadros das empresas, com funções de topo, dispõem de papel de carta próprio, como se exemplifica na página anterior. Este tipo de papel de carta contém: nome e cargo no topo da carta, do lado esquerdo, e em rodapé só o nome da empresa (sem endereço, telefone, fax, etc.).

FELICITAÇÕES E AGRADECIMENTOS

As felicitações e os agradecimentos devem enviar-se por carta, cartão ou telegrama. A regra protocolar diz que a uma carta responde-se com uma carta e a um cartão com um cartão. Para agradecer um telegrama, responde-se geralmente com um cartão.

PÊSAMES

Os pêsames podem enviar-se por telegrama, cartão ou carta, dependendo do grau de intimidade com a família da pessoa falecida.

Os agradecimentos de pêsames devem ser feitos dentro de um mês e podem-se utilizar cartões impressos para o efeito.

 Nunca enviar felicitações ou pêsames por fax ou e-mail.

O CARTÃO DE VISITA PROFISSIONAL

A actual função do cartão de visita é prestar uma informação ou estabelecer um contacto. Os cartões de visita empresariais devem ser sóbrios e denotarem a imagem institucional da empresa.

O cartão de visita profissional deve conter a seguinte informação:

- Nome da empresa e logótipo;
- Nome profissional[12] (do titular do cartão);
- Cargo que ocupa na empresa;
- Grau académico;
- Morada da empresa, telefone, fax, telemóvel e e-mail.

LAOREET WISI

Nome
Grau académico
Cargo/função
Sector da Empresa

Morada – Telefone directo – fax – telemóvel – e-mail

---

[12] De uma forma geral as pessoas adoptam um determinado nome profissional que é frequentemente constituído por um nome próprio seguido de um apelido. Do nome profissional nunca consta o nome completo.

No entanto, para os Presidentes Executivos, Directores-Gerais e Presidentes do Conselho de Administração, o cartão de visita profissional apenas indica o nome e respectivo cargo. O logótipo e nome da empresa são geralmente impressos em alto-relevo, sem qualquer cor.

> **LAOREET WISI**
>
> **António Silva**
> Presidente do Conselho de Administração

O cartão profissional é um reflexo da pessoa que o utiliza e da organização a que pertence. Se por acaso o cartão não está actualizado, é melhor não o distribuir ou enviar, substituindo-o por uma carta. Quando ocorre mudança de telefone, ou qualquer outra alteração, devem-se mandar fazer novos cartões. Nunca entregar cartões corrigidos, pois o cliente/contacto pode considerar que há uma certa desorganização na empresa.

 Nunca dobrar a ponta do cartão.

O cartão de visita profissional também pode acompanhar presentes e servir para enviar mensagens, desde que o gesto esteja inserido no âmbito profissional.

Quando se envia o cartão de visita profissional sem nenhuma mensagem, nomeadamente em situações como para acompanhar o envio do Relatório e Contas (servindo para indicar quem é o remetente), ou um cartão de Boas Festas (para identificar a assinatura que consta no cartão de boas festas), deve-se riscar o título e cargo.

Ao se utilizar um cartão de visita para transmitir uma mensagem de cortesia, e se esta for escrita na parte da frente do cartão, o nome impresso serve de assinatura. A mensagem de cortesia pode ser escrita antes ou depois do nome.

Exemplo:

> **EMPRESA, S. A.**
>
> **António Silva**
> Director de Produção
> Engenheiro Químico do IST
>
> *agradece a simpática lembrança*
>
> Rua ...   Tel.: 210 000 000
> 1250-120 Lisboa   Fax: 210 000 010

Só se deve assinar um cartão de visita quando se escrever uma mensagem no seu verso.

Abreviaturas e sua utilização

Indicam-se a seguir algumas abreviaturas, aconselhando-se a sua não utilização, por transmitirem pouca cortesia para com a pessoa a quem se escreve.

- B.F. e B.A.   Boas Festas e Bom Ano

- s. p.   sentidos pêsames

Contudo, as abreviaturas indicadas sob o título «Convites» devem ser utilizadas e são de uso corrente.

CONVITES

O convite empresarial é um tipo de correspondência que pode ser apresentada sob a forma de cartão ou carta, convidando alguém, para um determinado evento ou acontecimento empresarial. Este tipo de convite pode ser de carácter empresarial ou de natureza particular.

Convites formais

Existem momentos na vida de uma empresa que são marcos na sua história e para os assinalar são realizados determinados eventos formais. Para este tipo de eventos, o universo de entidades a serem convidadas é, muitas vezes, alargado às personalidades políticas, militares, eclesiásticas, ou outras de relevo para o acontecimento em causa. Consequentemente, o convite é bastante formal e segue regras bem próprias.

Este tipo de convite é feito sempre em cartão impresso de cor branca ou creme e, embora não tenha uma estrutura rígida, deve apresentar sempre os seguintes elementos:
- Título;
- Pessoa ou entidade que é convidada;
- Tipo de evento;
- Local, data e hora.

Convites impressos

Existem alguns aspectos a serem seguidos:

O convite deve conter as seguintes informações:
- Nome da pessoa ou da entidade que convida, abrindo o texto do convite;
- Nome do convidado, precedido da sua categoria ou títulos[13];
- Tipo de evento para que se convida, indicando a data e o local;
- Traje - define o tipo de traje em relação ao evento;
- R.S.F.F. ou R.S.V.P. com o número de telefone.

---

[13] O convite pode ser personalizado (manuscrevendo o nome do convidado) ou impessoal (quando já vem impresso «V. Exa.»).

Abreviaturas para os convites

- R.S.F.F. – Responda se faz favor

A abreviatura «R.S.F.F.» utiliza-se na parte inferior do lado direito dos convites e, através destas iniciais, solicita-se uma resposta para o número de telefone indicado, confirmando a presença ou não.

No caso de eventos em que se prevêem numerosos convidados, não se coloca apenas «R.S.F.F.» ou «R.S.V.P.[14]», mas sim:

- R.S.F.F.

  Só na negativa
  Tel.: ...

- p.m.   pró memória/para relembrar

Estas letras iniciais «p.m.» utilizam-se no envio de convites para eventos, quando anteriormente já houve um contacto pessoal e servem, apenas, para lembrar o referido acontecimento. Traça-se com caneta «R.S.F.F.» e manuscreve-se «P.M.»

Dimensões do convite e cor do papel

Os convites devem ter as dimensões de modo a caberem no envelope previamente escolhido e que obedeça às medidas normalizadas pela União Postal Universal (UPU), para envios postais com massa igual ou inferior a 20 g.

Tal como já indicado atrás, as cores mais correntes são a branca e a creme. Todas as outras cores são desaconselháveis.

Prazos para envio de convites

- Para autoridades governamentais - um mês a mês e meio de antecedência.

- Convites para eventos de grande porte (congressos, simpósios, cursos, reuniões formais, seminários) - vinte dias de antecedência.

- Restantes tipos de convites - almoços, jantares, eventos de porte médio (inaugurações, lançamento de produtos, transmissão de cargos, etc.) - dez dias de antecedência.

---

[14] R.S.V.P. = *Répondez s'il vous plaît*. Fórmula francesa, também adoptada em Portugal.

Tipos de convites

Logótipo

O Presidente do Conselho de Administração da Qui Blandit tem o prazer de convidar *o Exmo. Senhor Eng. Pedro Santos* para o jantar de encerramento do 2º Encontro Luso-Americano das Empresas do Sector Automóvel, que se realiza no dia 3 de Junho pelas 20 horas na Estufa Real, na Ajuda, em Lisboa.

Traje: Fato escuro   R.S.V.P.
                                       Tel.: 210 000 000

Logótipo

O Presidente do Conselho de Administração da Qui Blandit, S.A. tem a honra de convidar *Sua Excelência o Ministro da Indústria, Eng. ... e Senhora de*[15] ... para o jantar que se realiza no dia 3 de Junho pelas 20 horas na Estufa Real, na Ajuda, em Lisboa, por ocasião da XV Conferência da Organização Quis Nostrud.

Traje: Fato escuro   R.S.V.P.
                                       Tel.: 210 000 000

Logótipo

O Conselho de Administração da
Qui Blandit – Sociedade Consectetuer Adipiscing, S.A.
tem o prazer de convidar V. Exa.
para a inauguração das instalações
da Delegação de Aveiro
no dia 10 de Maio de 2007, das 18 às 22 horas.

R.S.V.P.
Tel.: 210 000 000

---

[15] Apelido do marido.

Cartão-resposta

Quando se trata de um evento empresarial, como o indicado atrás, e por uma questão de simplificação, é comum enviar juntamente com o convite um cartão-resposta.

Quinta-feira, dia 10 de Maio de 2007

Nome _____

☐ estará presente
☐ será representado por
☐ não estará presente

no *cocktail* de inauguração da Delegação de Aveiro
da Qui Blandit, S.A. na sua sede em Hend Rerit,
das 18 às 22 horas.

(Agradecemos resposta até 30 de Abril)

Por uma questão de cortesia e de boa educação, os convites devem ser respondidos até 48 horas após a sua recepção, através de telefonema para o número de telefone indicado no convite ou remetendo o cartão-resposta.

Convites particulares

Os convites de carácter privado para ocasiões informais (almoços, jantares e recepções) não obedecem a qualquer formalismo e podem ser feitos quer por carta, quer por telefone.

Se o convite for feito por carta, este assume a forma de uma carta de carácter pessoal com as suas características específicas, conforme exemplificado anteriormente.

Não se fazem convites por e-mail ou fax.

Exemplo:

António Silva
Presidente do Conselho de Administração

Lisboa, 2007-03-22

Exmo. Senhor
Carlos Matos
Quandit, S.A.
Av. Nibh Euismod, 1
1200-123 Lisboa

Caro Carlos Matos,

Sob a Lei do Mecenato a nossa empresa está a patrocinar a apresentação da ópera «A Flauta Mágica», que irá decorrer entre 2 e 5 de Abril, no Auditório Magna Aliquam, pelo que é com o maior prazer que lhe remeto dois bilhetes para a estreia.

Com os meus cordiais cumprimentos,

António Silva

Empresa, S. A.

CORRESPONDÊNCIA OFICIAL

DESTINATÁRIO	CABEÇALHO	TRATAMENTO	NO ENVELOPE
Presidente da República[16]	Senhor Presidente da República de … Excelência	Vossa Excelência	Sua Excelência O Presidente da República de … (país que representa) Senhor (seguido de grau académico ou posto militar + nome completo) Morada completa
Presidente da Assembleia da República[16]	Senhor Presidente da Assembleia da República Excelência	Vossa Excelência	Sua Excelência O Presidente da Assembleia da República Senhor (seguido de grau académico + nome completo)
Primeiro-Ministro[16]	Senhor Primeiro-Ministro Excelência	Vossa Excelência	Sua Excelência O Primeiro-Ministro Senhor (seguido de grau académico + nome completo)
Ministro	Senhor Ministro (indicar a pasta) Excelência	Vossa Excelência	S. E.[17] O Ministro do(s)/da(s) … (indicar a pasta) Grau académico + nome completo Morada completa
Secretário de Estado	Senhor Secretário de Estado Excelência	Vossa Excelência	S. E. O Secretário de Estado do(s)/da(s) … (indicar a pasta) Grau académico + nome completo Morada completa
Embaixador	Senhor Embaixador	Vossa Excelência	S.E. O Embaixador de … (país que representa) Senhor + Grau académico + nome completo Morada completa
Soberanos[16]	Meu Senhor ou Minha Senhora	Vossa Majestade	A Sua Majestade o Rei ou a Rainha
Outros Membros de Casas Reais	Idem	Vossa Alteza (Imperial, Real ou Sereníssima)	A Sua Alteza (Imperial, Real/Sereníssima) o Príncipe ou a Princesa de …

[16] Soberanos, Presidentes da República, Presidentes de Assembleia da República e Primeiros-Ministros só se correspondem com os seus homólogos.

[17] Em princípio, e segundo o Protocolo de Estado, só têm direito a tratamento de Sua Excelência, por extenso, o Presidente da República, o Presidente da Assembleia da República e o Primeiro-Ministro, sendo, no entanto, prática comum nos envelopes dirigidos aos membros do Governo e aos Embaixadores escrever «Sua Excelência» em vez da abreviatura «S.E.», mais utilizada para os cartões de mesa ou para indicação de lugares.

CORRESPONDÊNCIA COM DIGNITÁRIOS ECLESIÁSTICOS

DESTINATÁRIO	CABEÇALHO	TRATAMENTO	NO SOBRESCRITO
Papa[18]	Muito Santo Padre	Vossa Santidade	Sua Santidade O Papa ... (seguido do seu nome) Cidade do Vaticano
Um Cardeal	Senhor Cardeal	Vossa Eminência	Sua Eminência O Cardeal ... (seguido do seu nome) Patriarca de ...
Um Arcebispo ou Bispo	Senhor Arcebispo (ou Bispo)	Excelência Reverendíssima	Sua Excelência Reverendíssima Monsenhor ... (seguido do seu nome) Arcebispo (ou Bispo) de ...
Núncio	Senhor Núncio	Vossa Excelência	Sua Excelência Reverendíssima Monsenhor ... (seguido do seu nome) Núncio Apostólico
Padre	Reverendo Senhor	Padre	Reverendo Senhor Padre ... (seguido do seu nome)

[18] Só os Soberanos e Chefes de Estado escrevem directamente ao Santo Padre.

O TELEGRAMA

O telegrama é a forma de correspondência em que são transmitidas comunicações de absoluta urgência e com reduzido número de palavras, uma vez que a sua principal característica é a síntese.

Esta modalidade de mensagem é veiculada através dos serviços dos Correios, que é transmitida por meios electrónicos e depois convertida em comunicação escrita com entrega específica ao destinatário.

No entanto, e dada a evolução tecnológica é hoje um instrumento de comunicação em extinção e de uso muito restrito.

Em prática comercial, o telegrama cinge-se praticamente aos seguintes casos.

- Envio de felicitações ou pêsames;
- Convocação para entrevistas.

Dada a sua pouca relevância na redacção comercial, exemplifica-se, apenas, em como transformar um texto, que convoca um candidato para uma entrevista, em telegrama:

Texto a ser enviado a um candidato

Nome do destinatário e endereço

Na sequência da sua candidatura, agradecemos a sua comparência nas nossas instalações sitas na Av. Aliquam Erat, nº 20, em Lisboa, no próximo dia 20, pelas 15 horas, para uma entrevista. Favor contactar Dra. Ana Morais.

Corpo de texto com 36 palavras

Texto para telegrama

Nome do destinatário e endereço

Comparecer 20 Junho 15 horas Av Aliquam Erat 20 Lisboa para entrevista. Contactar Dra Ana Morais.

Corpo de texto com 16 palavras

Requisitos básicos para a redacção de um telegrama

- Texto conciso e claro;

- Suprimir ou reduzir expressões de cortesia;

- Omitir palavras desnecessárias,

- Dar preferência a fórmulas simples;

- Supressão de hífenes e de acentos nas palavras;

- Supressão de preposições;

- Os números são escritos em algarismos arábicos;

- Escrever datas de forma contínua (10 de Dezembro de 2007 fica 20071210).

O CURRICULUM VITAE

O curriculum vitae é um resumo da carreira profissional e das aptidões de uma pessoa que se candidata a determinado emprego. Este documento deve incluir os dados pessoais do candidato, formação académica e profissional, experiência profissional e outro tipo de informação que seja considerada conveniente e conforme o lugar para que se está a candidatar.

Se é candidato a um novo emprego e imprimiu o currículo profissional em folhas de papel colorido, utilizou letras de formatos e tamanhos diferentes e fez uma descrição minuciosa de cada passo de sua vida académica e profissional, as hipóteses de conseguir o lugar ficam logo à partida muito reduzidas, pois saiu fora dos parâmetros considerados correctos para uma candidatura.

COMO FAZER UMA APRESENTAÇÃO EFICIENTE

O documento que ajuda a conseguir emprego deve ser simples e objectivo, como toda a correspondência comercial. Mesmo que um candidato tenha uma grande experiência, o seu curriculum vitae deve ser sucinto e ter poucas páginas. O candidato que apresenta as realizações profissionais que já obteve no decorrer da sua carreira fica à frente de quem se preocupa mais em listar empresas e cursos frequentados.

O ideal é preparar o curriculum vitae em computador, imprimi-lo em papel branco e usar apenas um tipo de letra.

Alguns conselhos

- Dimensão: não apresentar um curriculum vitae demasiado longo. Ser conciso, indicando a informação necessária e relevante sob cada título.

- Tipo de letra: evitar tipo de letra com tamanho inferior a 10 e superior a 12.

- Papel: folha A4 branca com as mesmas margens que devem ser utilizadas em documentos comerciais (3 cm à esquerda e 2,5 cm à direita).

- Estilo de redacção: não escrever na primeira pessoa. Os verbos deverão ser utilizados na 3ª pessoa do singular.

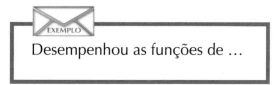

EXEMPLO

Desempenhou as funções de ...

- Quando se indicam siglas, deve-se colocar entre parênteses o que significam, excepto para as que são de conhecimento geral.

- Tornar o curriculum vitae fácil de ler, colocando em cada área diferente um título e dividir cada título em subtítulos. Os títulos serão a negrito.

- Ler várias vezes o curriculum vitae e a carta que o acompanha, a fim de verificar se não existe qualquer erro ou falha, pois uma situação destas pode ser fatal e o candidato não passar desta etapa.

- O curriculum vitae deve ser sempre acompanhado de uma carta de apresentação feita pelo candidato. É mais simpático do que mandar apenas o curriculum vitae.

ELEMENTOS QUE O CURRICULUM VITAE DEVE CONTER E FORMA DE O ELABORAR

O curriculum vitae deve estar dividido em várias partes, conforme segue:

- Dados Pessoais;

- Formação Académica ou Habilitações Literárias;

- Formação Complementar;

- Conhecimentos de Línguas;

- Conhecimentos de Informática;

- Experiência Profissional;

- Actividades Académicas;

- Outras Actividades.

Dados pessoais

Incluir apenas as informações vitais, como: nome, idade, nacionalidade, estado civil, morada e telefone de contacto, e-mail, ou outros meios de contacto. Indicar se tem carta de condução e tipo de carta.

Não indicar os números de documentos e filiação, pois esses dados são desnecessários e só serão de interesse para a contratação.

EXEMPLO

Dados Pessoais

Nome:	Ana Maria Mateus
Data de nascimento:	1970-12-02
Nacionalidade:	Portuguesa
Estado civil:	Casada
Morada:	Rua ...
	1250-001 Lisboa
Telefone ou telemóvel:	960 000 000
E-mail:	a.mateus@gmail.com
Carta de condução:	Ligeiros

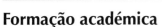

Formação académica

O que interessa é o curso final com o nome da universidade/instituto e o ano de conclusão.
Outros cursos devem ser citados apenas se tiverem importância na área profissional para que se está a concorrer.

Formação Académica

Escola Superior de Adipiscing Elit, Lisboa - 1996
Nobis Eleifend Business School, Inglaterra - 1998

Formação complementar

Participação em cursos de formação profissional, seminários e congressos, indicando por ordem cronológica do mais recente para o mais antigo.

Formação Complementar

Abril de 2004 – Curso de Formação ...
Novembro de 2000 – Curso de Formação de Formadores do Instituto de Emprego e Formação Profissional

Conhecimentos de línguas

Indicar o nível de conhecimento dos vários idiomas falados e escritos, bem como cursos e diplomas obtidos.

Conhecimentos de Línguas

Fluente em inglês – Proficiency Certificate, British Council, Lisboa 1996
Bons conhecimentos de Francês

Conhecimentos de informática

Relativamente aos conhecimentos de informática, estes devem, igualmente, ser indicados, bem como cursos realizados nesta área.

Conhecimentos de Informática

Curso de informática na óptica de utilizador, com muito bons conhecimentos de ...

Experiência profissional

Ser conciso na descrição e começar a partir do actual ou último emprego, se estiver desempregado. O que importa são os últimos dez anos da carreira. Colocar uma pequena explicação junto a cada nome da empresa e a informação relativa à função (título do cargo e funções desempenhadas relacionadas com o lugar para que se está a concorrer).

EXEMPLO

Experiência Profissional

De Março 2000 a Dezembro 2004 - Empresa ... (Lisboa, Portugal)
Assistente da Direcção de Marketing, sendo responsável pelas áreas de promoção de Marketing e Imagem da Empresa, compreendendo a elaboração de textos institucionais em português, francês e inglês, e ainda pelos contactos internacionais com parceiros de negócio e clientes.

Actividades académicas

Cursos, seminários e congressos devem ser citados apenas se tiverem importância na área profissional para que se está a concorrer.

Outras actividades

Quanto a este tipo de informação, apenas deverá ser incluída a que se prende com o lugar a que se está a concorrer. Por exemplo, uma pessoa que tenha como ocupação de tempos livres fazer desporto e esteja a concorrer para uma empresa relacionada com o mundo desportivo.

No caso de se ter pouca experiência profissional e de se terem desenvolvido acções de voluntariado, estas poderão ser indicadas nesta parte do curriculum vitae, visto este tipo de informação ser tanto mais importante, quanto menor for a experiência profissional.

ELEMENTOS A NÃO SEREM INCLUÍDOS NO CURRICULUM VITAE

Referências

De uma forma geral não se incluem no curriculum vitae nomes, nem moradas de pessoas que possam dar referências. Apenas se deverá referir que se poderão apresentar referências, caso seja solicitado.

NOTA

As referências são sempre de carácter profissional e nunca de carácter pessoal.

Não enviar documentos comprovativos dos cursos mencionados no curriculum vitae. Estes só são apresentados, quando solicitados.

Fotografia

Esta também só é enviada quando solicitada.

Carta de apresentação

É a carta que se junta ao curriculum vitae e deve ser dirigida a uma determinada pessoa. O ideal será endereçar a carta à pessoa que irá fazer a entrevista.

As cartas de apresentação nunca devem ultrapassar uma página A4 e devem ser feitas em computador, em papel personalizado com cabeçalho, que incluirá nome e morada.

O primeiro parágrafo indicará a razão por que se está a candidatar ao lugar:

1. Se for resposta a um anúncio, deverá fazer menção ao anúncio e indicar a sua referência.

2. Se for candidatura espontânea, indicar o motivo que o/a leva a escrever a carta. Por exemplo: ter tido conhecimento que a empresa está a recrutar colaboradores para uma determinada área.

Nesta carta, deverá indicar apenas duas ou três qualificações relevantes do curriculum vitae, a fim de chamar a atenção do leitor.

Terminar a carta indicando que se fica na expectativa de uma entrevista.

Carta respondendo a anúncio e encaminhando o curriculum vitae:

Lisboa, 16 de Maio de 2007

Lisboa, ... de ... de ...

Empresa ...
Rua ...
Código Postal ...

Exmos. Senhores,

Vosso Anúncio nº ...

De acordo com o vosso anúncio em título, publicado no Jornal ... no dia 15 de Maio de 2007, venho enviar o meu «Curriculum Vitae», por considerar possuir experiência na área para a qual V. Exas. estão a recrutar colaboradores.

Assim, solicito a inclusão do meu nome entre os candidatos à vaga de Assistente de Administração existente nessa conceituada Empresa.

Aguardando uma resposta de V. Exas., subscrevo-me com os meus melhores cumprimentos.

Atenciosamente,

Assinatura

Modernamente, há, também, o currículo em forma de carta, na qual o candidato relata a sua experiência profissional. Nesta forma de currículo, consta o histórico profissional do candidato de forma bastante resumida.

MÁRIO CAMPOS
Rua Praesent Lupta, 34, 3º
1250-119 Lisboa
Tel.: (351) 210 000 000

Lisboa, 2007-07-07

Exmo. Senhor
Dr. Carlos Fonseca
Director Recursos Humanos
Grupo ABC
Morada
Código Postal

Exmo. Senhor,

Tenho desenvolvido a minha actividade profissional dentro da área financeira e administrativa e detenho uma licenciatura em ... pelo Instituto Superior de ..., com uma pós-graduação em Finanças, pela Universidade de Tinciduntut Laoreet e MBA no Canadá.

A minha carreira resume-se a cargos estratégicos nas áreas Administrativa e Financeira de grupos empresariais actuantes nos segmentos da indústria, construção civil e transportes.

Presentemente, procuro novos desafios para actuar como Director Administrativo e Financeiro e acredito que o meu perfil possa interessar a V. Exas.

Desde 1986 que ocupo cargos de confiança, sendo quadro superior nas áreas Administrativa e Financeira, e a minha experiência abrange, ainda, a coordenação dos sectores Financeiro, Administrativo, Importação e Exportação, Recursos Humanos e Auditoria.

A minha vivência profissional inclui planeamento, controlos administrativos e financeiros, gestão e desenvolvimento de equipas de trabalho.

Como realizações, na empresa na qual trabalho, destaco a recuperação de 30% da dívida de clientes, através do desenvolvimento de novos controlos e relatórios de contas a receber, agilizando os processos de cobrança. Reduzi em 25% o tempo de execução de rotinas, através de reorganização e implementação de normas e controlo no sector de facturação.

Fui responsável pela informatização e reorganização das Áreas Administrativa, Financeira, e Compras, optimizando e gerando maior eficiência nas equipas de trabalho.

Gostaria, se possível, de marcar uma reunião, para detalhar a minha experiência e demonstrar de que maneira poderei contribuir para o desenvolvimento da vossa conceituada Empresa.

Atentamente,

Assinatura

Mancha de um curriculum vitae:

CURRICULUM VITAE

Dados Pessoais

Nome:	Ana Maria Mateus
Data de nascimento:	1976-12-02
Nacionalidade:	Portuguesa
Estado civil:	Casada
Morada:	Rua ...
Telefone ou telemóvel:	210 000 000 ou 960 000 000
E-mail:	a.mateus@gmail.com
Carta de condução:	Ligeiros

Formação Académica
Escola Superior de Tincidunt Ut Laoreet, Lisboa 1996
Adipiscing Elit Business School, Inglaterra 1998

Formação Complementar
Abril de 2004 – Curso de Formação na Área ...
Novembro de 2000 – Curso de Formação de Formadores do Instituto de Emprego e Formação Profissional.

Conhecimentos de Línguas
Fluente em inglês – Proficiency Certificate, Londres 1996
Bons conhecimentos de Francês

Conhecimentos de Informática
Curso de informática na óptica de utilizador, com muito bons conhecimentos de ...

Experiência Profissional

De Março 2000 a Dezembro 2004 - Vero Liros, S. A., Lisboa
Assistente da Direcção de Marketing, sendo responsável pelas áreas de promoção de Marketing e Imagem da Empresa, compreendendo a elaboração de textos institucionais em português, francês e inglês, e ainda pelos contactos internacionais com parceiros de negócio e clientes.

De Junho 1995 a Fevereiro 2000 - Wam Liber Tempor, Lda., Lisboa
Cum soluta nobis eleifend option congue nihil imperdiet doming id quod mazim placerat facer possim assum. Lorem ipsum dolor sit amet, consectetuer adipiscing elit, sed diam nonummy nibh euismod. Lorem ipsum dolor sit amet.

Lisboa, 2007-05-12

Actividades Académicas

Consectetuer adipiscing elit, sed diam nonummy nibh euismod tincidunt ut laoreet dolore magna aliquam erat volutpat. Utnibh euismod tincidunt ut laoreet wisi enim ad minim veniam, quis nostrud. Dexercitation ullam corper suscipit lobort.

Outras Actividades

Duis autem vel eum iriure dolor in hend rerit in vulputate velit esse molestie conse quat vel illum dolore eu feugit nulla facilisis at vero. Leros et accumsan et iusto odio dignissim qui blandit praesent lupta tum zzril delenit augue duis dolore.

Lisboa, 2007-05-12

O CURRICULUM VITAE (CV) EUROPASS

O Europass é uma iniciativa europeia que tem como objectivo criar uma uniformização na apresentação das competências, qualificações e experiência profissional para que sejam compreensíveis através da Europa, e ainda permitir concorrer a lugares além fronteiras.

Actualmente, já existem muitas organizações que, por uma questão de uniformização, requerem que o curriculum vitae seja apresentado sob a forma preconizada pelo Europass. Para tal, deverá ser consultado o site do Europass - http://europass.cedefop.europa.eu/ - que dá instruções precisas sobre este assunto.

BIBLIOGRAFIA

- *Nova Gramática do Português Contemporâneo,* de Celso Cunha e Lindley Cintra (Edições João Sá da Costa, Lisboa). 17ª Edição - 2002.

- *Instituto Português da Qualidade*
  Normas Portuguesas
    - *NP 5:1992 (Ed. 3)* - Ofício ou carta. Formato A4. Apresentação da primeira página.
    - *NP13:1989 (Ed. 4)* - Sobrescritos e bolsas. Impressão e utilização.
    - *NP EN 28601:1996* - Dados e e formatos de troca. Troca de informação. Representação de datas e horas.
    - *NP 18:2006* - Nomenclatura dos grandes números.

- *ISO - International Organization for Standardization*
    - *ISO 8601:2004* - Data elements and interchange formats. Information interchange. Representation of dates and times.
    - *ISO 4217-* Codes for the representation of currencies and funds.
    - *ISO 639* - Codes for the representation of names of languages.

- *International Commercial Terms (INCOTERMS)*